QIWU
YOU
BAIFU

器物有百福

薪火文创社 ○ 编著

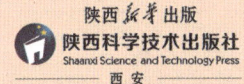

图书在版编目（CIP）数据

器物有百福 / 薪火文创社编著 . — 西安：陕西科学技术出版社，2018.1（2024.4重印）

（传统文化走进生活）

ISBN 978-7-5369-7139-4

Ⅰ．①器… Ⅱ．①薪… Ⅲ．①吉祥物 - 中国 - 青少年读物 Ⅳ．① K892.29-49

中国版本图书馆 CIP 数据核字 (2017) 第 310423 号

器物有百福

薪火文创社　编著

策　　划	孙　玲　晏　藜
责任编辑	郭敬琦　赵泰俪
封面设计	象上设计
版式设计	诗风文化

出 版 者	陕西科学技术出版社
	西安市曲江新区登高路1388号陕西新华出版传媒产业大厦B座
	电话（029）81205187　传真（029）81205155　邮编710061
	http://www.snstp.com
发 行 者	陕西科学技术出版社
	电话（029）81205180　81206809
印　　刷	河北鹏润印刷有限公司
规　　格	787mm×1092mm　　16开本
印　　张	8.5
字　　数	90千字
版　　次	2018年1月第1版
	2024年4月第2次印刷
书　　号	ISBN 978-7-5369-7139-4
定　　价	40.00元

版权所有　翻印必究

☆如有印装质量问题，请与我社发行部联系调换☆

序　言

穿越历史的器物

中国人的生活，从来离不开形形色色的器物。从我们的祖先开始有意识地使用工具来为自己谋求便利时，早期的器物就已产生。古往今来，祖先们不知为我们留下了多少器物，原始的骨针皮具、钟鼎尊爵之类的青铜器、古朴大方的陶器和光洁华丽的瓷器、房屋上精致的砖瓦、柔软细密的丝绸布帛……中国古人将"地大物博"的内涵扩充到了极致。

这些器物历经千百年的淘洗，有少数幸运地逃过了历史的沧桑，成为今天博物馆中供人观赏的文物。而更多没有实物留存的器具，也都留下了形态、图案和相关的符号信息，我们也依然能在一些历史资料中看到它们的样子。每当观察这些器物及相关图案的时候，我们往往能真实地感觉到历史的存在。每当看到这些古老的器具形制在今天依然被人们喜爱时，我们便更能深切地体会到，即使时代变迁，但中国特有的一些文化却没有变，古人今人对生活的期许，常常能在一些特定的器具之上重合。

中国人喜欢"托物言志"，也就是说，人们喜欢在器物上寄托自己的情感和意愿。他们希望能平安长寿，他们希

XU YAN

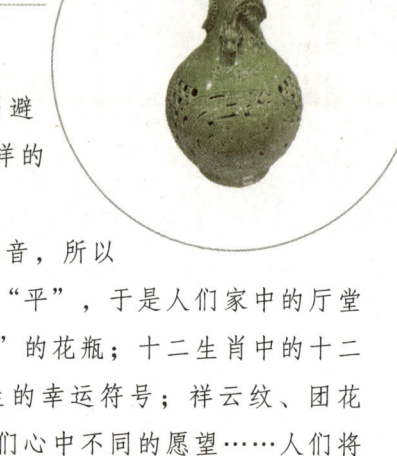

望能多子多孙,他们渴望能招福避邪,他们渴盼能富贵腾达……这样的主题几乎在器物中都有所体现:

"结"与"吉"在古汉语中同音,所以中国结就象征着吉祥;"瓶"谐音"平",于是人们家中的厅堂上便常常摆放着一对寓意着"平安"的花瓶;十二生肖中的十二种动物,是伴随每一个中国人一生的幸运符号;祥云纹、团花纹、回纹等纹图,都分别代表着人们心中不同的愿望……人们将具体的器物或图形与种种抽象的寓意结合起来,将中国人对未来的企盼、对历史的记忆、对生活的态度凝结在这些物件中,等待着后人去继承、去发现。我们今天依然常在生活中看到这些传统的中国器物,而见物如见人,你多多了解它们,便能多多了解我们的祖先和我们的历史,从而深切地意识到,我们是中国人。

"器物有百福",尽管它们并不会说话。希望这本小书可以成为一把钥匙,帮你打开通往古代器物文化世界的大门。中国几千年的文明,不知留下了多少有趣的器物文化,这本书远不能收录完全,希望你在读完这本书后,能继续学习更多关于中国器物的知识!

目录

第一章 吉祥如意

中有千千结 ... 2
吉祥如意 ... 6
巧手剪春色 ... 10
鼎与瓶 ... 15
房中有画屏 ... 20
元宵灯如昼 ... 24
鞭炮声声 ... 29
长命锁 ... 32

第二章 龙凤呈祥

十二生肖 ... 36
龙凤麟龟 ... 40
呦呦鹿鸣 ... 45
狮狮如意 ... 49
长寿仙鹤 ... 53
太平有象 ... 57
"蝠"来"鹊"跃 ... 62
年年有鱼 ... 67

第三章 锦上添花		
瑞彩祥云纹	72	
吉祥八宝纹	76	
回纹不断头	80	
团花锦簇纹	84	
五彩瓜果纹	88	
富贵花卉纹	92	
百子迎福纹	96	

第四章 三星高照		
福"倒"万家	102	
禄星高照	107	
万寿无疆	112	
双喜临门	116	
招财进宝	120	
一团和气	123	
万事大吉	126	

第一章 吉祥如意

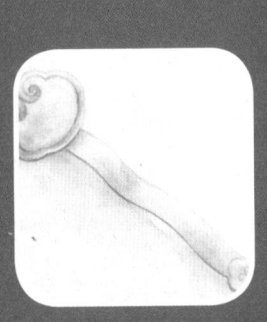

- 中有千千结
- 吉祥如意
- 巧手剪春色
- 鼎与瓶
- 房中有画屏
- 元宵灯如昼
- 鞭炮声声
- 长命锁

中有千千结

> 心似双丝网，中有千千结。
>
> ——张先《千秋岁》

这句词出自北宋词人张先的《千秋岁》，是形容女孩子思念故人、心事纠结的状态的名句。在古典文学中，"结"一直象征着青年男女的缠绵情思，人类的情感有多么丰富多彩，"结"就有多么千变万化。这些千千结，每个都是为思念的人所系。

中国结或象征着幸福，或隐喻着爱情，或呼唤着友谊，或赞美着生命；有的代表着喜庆，有的象征着智慧，有的能烘托欢乐，有的能燃烧热情……总之，它是一件代表着祥和与幸福的吉祥物，代表着中国人对生活的美好憧憬。

中国结是中国特有的一种手工编织工艺品，它像中国的书画、雕刻、陶瓷、中餐等一样，是中国传统文化的典型象征，它以独特的东方神韵、丰富多彩的变化，体现了中国人民的智慧和文化底蕴。

中国结是由旧石器时代缝衣结演化而来的，在几千年前的周朝，人们就常用中国结来装饰随身的佩玉了，在战国时代的青铜器上也能看到中国结的图案。在唐代的铜镜图案中，也出现了口含绳结的飞鸟。而到了明清时期，中国人赋予绳结吉祥美好的寓意，使它真正成为盛行于民间的艺术品，深受人们喜爱。因为它源自于中国，所以人们便把这种富有中国特色的传统民间艺术品称为"中国结"。

中国结的编织过程看着并不复杂：一根红绳，只需三缠两绕就做好了。但是，中国结的编织工艺其实远不像人们看到的那样简单。一个完整

的中国结,是要运用绾、结、穿、绕、缠、编、抽等多种技法,循环穿插而成的。而每一个中国结,从头到尾都是用一根丝绳完成的,成品的造型也是要求上下左右对称的。

在古代汉语中,"结"与"吉"同音同义,所以"结"字本身就有吉祥的寓意。细数由"结"组成的词语,如团结、结发夫妻、结果、结盟、喜结连理、张灯结彩……都充满着温馨的韵味。因此,用中国结来表达喜庆，是最合适不过了。

中国结形态多样，不同形态的中国结有着不同的寓意：同心结代表着爱情美满，祥云结象征着吉祥如意，寿字结象征长命百岁，方胜结代表着平安顺遂，十全结则寓意着十全十美……

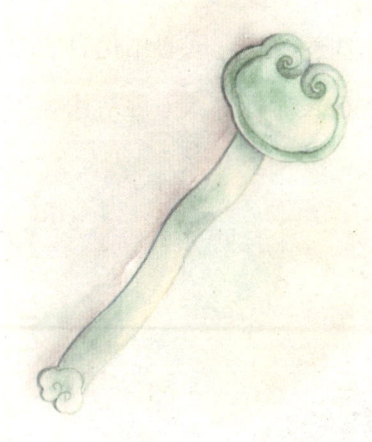

吉祥如意

> 手持如意高窗里，斜日沿江千万山。
>
> ——李嘉佑《题道虔上人竹房》

这句诗出自唐朝诗人李嘉佑的《题道虔上人竹房》。一位禅修的禅师手中拿着一柄如意从窗口远眺，见夕阳从山峦之间跌入滚滚江水。画面很有禅意，引发了读者的无限禅思。画面中有一个很重要的物象，那就是禅师手中的"如意"。

如意是中国民间用以搔痒的工具，流行于全国大部分地区。如意起初被人们用来搔痒，可如人意，因而得名。古代和尚在讲经时，也常拿如意，记经文于其上，以备遗忘。如意是吉祥的象征，因此人们常说万事如意、吉祥如意、称心如意，用来表达事事顺利、心满意足的美好祝愿。

如意是我国特有的吉祥物,特别是在明清时期,几乎成为人们家里必备的陈设品。我们今天仍能在博物馆里看到古代遗留下来的各式如意,富贵人家里有金如意、水晶如意、玉如意、珐琅如意、象牙如意等名贵的品种,而一般人家的如意即便没那么名贵,但雕刻精巧的木质如意也同样让人爱不释手。

如意的造型简单而富有美感,如今常见的如意,通常头部是灵芝或云纹的形状,柄则呈弧线形,整体上看像是一枝精巧的灵芝。古人认为灵芝是长生不老的神仙草,便把如意做成灵芝的模样,用来象征吉祥。

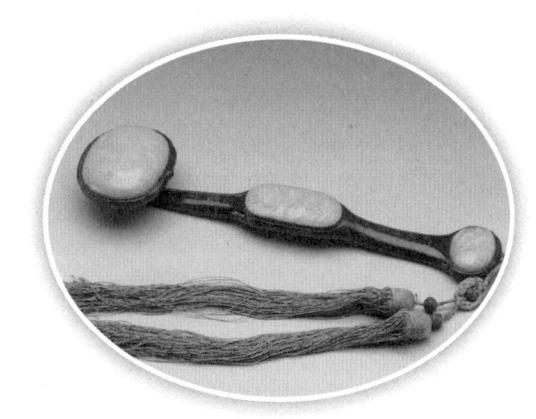

如意最早的起源,和我们今天都能见到的叫作"痒痒挠"的搔背工具有着密切的关系。最早的如意,柄端一般呈手指的形状,叫作"爪杖",代表着它能代替人手触碰到手够不到的地方,搔之可如人意,所以叫"如意",又叫"不求人"。古代还有一种可以用来记事的"笏板",古代官员们拿着笏板上朝,把要给皇帝上奏的内容写在上面。古代的如意综合了"痒痒挠"和"笏板"二者的功用。只是到后来,它的形态发生了分化:一种成了"痒痒挠"在民间流传;另一种则代表着吉祥的寓意,成了广受大家喜爱的纪念品。

古往今来,作为吉祥物的如意流行于社会各个阶层,达官贵人礼尚

往来、文人雅士把玩雅赠、平民百姓走亲访友，都喜欢送一柄如意。其中，通透精致的翡翠如意最受人们喜爱。"君子比德如玉"，翡翠如意是将玉的坚贞不渝和如意的吉祥寓意结合了起来。作为著名吉祥物，翡翠如意的用途很广泛。在古代，它可以是将军手上的指挥物，寓意战事顺利、平安如意。佛僧讲经时，也常把"翡翠如意"随身携带作为道具。人们远行前，家人或友人会送上如意，表达一路顺风的良好祝愿。老人过寿时，人们送如意给老人祝寿，祝愿老人家顺心如意、健康长寿。据说慈禧太后六十岁寿辰上，就收到了八十件精品如意。而在婚礼上，新郎家也会送给新娘家一柄如意，盼望着新人能和和美美。如意甚至还是古时皇帝选皇后的信物呢！而在宫廷里或是贵族家中，翡翠如意尤其常见。据说，乾隆皇帝就对翡翠如意喜爱有加，不仅收藏了大量的翡翠如意,而且他临轩听政、接见官员时,都有手持玉如意的童仆侍奉左右,以示吉祥、顺心。

除了如意本身的吉祥寓意,古人还将如意与其他吉祥物相组合,构成丰富多彩的吉祥寓意,比如:

平安如意——瓶中插着一柄如意的纹图。

事事如意——两个柿子(或狮子)与如意的纹图。

吉祥如意——手持如意的童子骑着一头大象的纹图。

和合如意——盒子或荷花与如意的纹图。

百事如意——柏树与如意的纹图。

心形、灵芝形等形状各异的如意头图案,还经常被雕刻在桌椅箱柜边,或者绣在衣服上,用来表达人们吉祥如意的美好祝愿。

一柄如意,从名字到内涵,满满包含着的都是我们中华民族对生活的美好祝愿。

闺妇持刀坐，自怜裁剪新。

叶催情缀色，花寄手成春。

——徐延寿《人日剪彩》

巧手剪春色

在唐代诗人徐延寿的诗《人日剪彩》中，这位闺妇用剪刀所剪出的，就是我们常见的剪纸。自汉代以来，每年正月初七是传统节日"人日"。在这一天，人们会将彩纸剪成花形或人形，然后将它们贴在屏风和帐子上，或者当作首饰戴在头上。这几句诗描绘的就是这样的场景：闺中少妇用剪刀剪出花红柳绿，以装点自己的生活。

剪纸是我们国家非常普及的民间艺术，只要一张彩纸和一把剪刀，就可以剪出人间万象。剪纸在中国人的生活中十分常见，其中最常见的时候就是逢年过节和婚嫁喜事时，人们会用大红色的剪纸艺术品来表达对新年和新人的美好期望和祝福。

小时候，人们多少都学过剪纸，剪雪花、剪蝴蝶、剪螃蟹、剪大红喜字、剪成排的花草……剪的过程中很小心，最惊喜的时刻是打开剪纸的一刹那，原本不成形的纹样在对称规律的作用下，竟然神奇地变成均匀整齐的图案，比画上的还精美好看。

中国剪纸文化源远流长，其历史可上溯到公元六世纪。"汉妃抱娃窗前耍，巧剪桐叶照窗纱"，这是陕西的一句歌谣，是说远在汉代的时候，宫里的妃子就能用树叶剪出有趣的形状来逗孩子开心了。那汉代以前有没有剪纸呢？答案当然是没有，因为剪纸最重要的原材料纸，是在西汉时才被发明出来的。不过，在纸被发明出来之前，我们的祖先就已经会用雕、镂、剔、刻、剪的技法在金箔、皮革、绢帛甚至树叶等材质上剪刻纹样了。

剪纸最初是为了礼祭而产生的,人们将纸剪成各种图案,希望用它们找回去世祖先的灵魂。唐朝时,这种以剪纸招魂的风俗在民间就已非常流行了。但是随着社会的发展,剪纸的功能渐渐从祭祀转向了美化。南宋时期,民间就已经出现了以剪纸为职业的行业艺人。他们的技艺十分精湛,有的能剪出"诸色花样",有的还能剪出"诸家书字"呢!

剪纸的种类有很多,如窗花、喜花、礼花、鞋花、剪纸团花、剪纸汉字、剪纸图画等等。它们有的用来张贴,有的用来摆衬,有的用来做刺绣的样子。

窗花是贴在窗户上的剪纸,是非常典型的一种剪纸。过去玻璃的使用并不普及,人们家里的窗户都是用纸糊的。雪白的窗纸,再贴上鲜红的窗花,顿时令满室生辉,映衬出快乐的气氛。现在每逢过年,仍有地方保持帖窗花的习俗，把家里打扮得漂漂亮亮的，迎接新的一年。喜花是人们婚嫁时用来装点各种器物用品和室内陈设用的剪纸。人们将剪纸摆在茶具、皂盒、面盆等日用品上，或是贴在柜门、梳妆镜上。喜花多为喜庆的图案，映衬着婚礼喜气洋洋的氛围，更显得吉祥如意。在以前，妇女们还会把剪好的花样，贴在鞋上、帽子上、衣服上，再比照着花样刺绣，这样比直接绣就容易多了。

剪纸涉及的题材也是多种多样的。巧手的女工们随心描绘着心中热爱的一切事物，自然风光、鱼虫鸟兽、花草树木、亭桥风景，就连非常复杂的故事也能通过剪纸来表达。剪纸是每个女孩必学的女红，这在古代，还是评价新娘是否心灵手巧的标准之一呢！古代有好些心灵

手巧的姑娘，剪之前甚至不用画稿，信手就能剪出漂亮的花样来。

到了现在，剪纸艺术也得到很大的发展，其内容更加丰富。人们除了过年过节剪窗花、喜花、门笺等贴在家里的剪纸，平时也把它作为艺术品来收藏。剪纸也不仅是小姑娘的爱好，很多优秀的剪纸艺人、剪纸世家都把它作为一门手艺来传承。

剪纸在不同的地区也有不同的风格。大体上北方的剪纸粗犷淳朴，

多反映日常生活的题材,比如山东高密的剪纸,剪之前不打草稿,一剪直下,很符合山东人豪爽大气的个性。南方剪纸则玲珑秀美、精巧流畅,比如扬州的剪纸,线条、构图、技法、用纸都很讲究,还有"圆如秋月、尖如麦芒、方如青砖、缺如锯齿、线如胡须"的要诀。

一把剪刀、一张薄纸,在手指间舞动,剪出人生的悲欢离合,剪出世界的变化万千,也剪出中国式的吉祥祝福。如今,剪纸走出小家小院,融入现代设计中,进入更为广阔的天地。在现代生活中,人们在商标广告、书籍、邮票、报刊、动画、影视等领域都能看到它的身影。同时,剪纸还作为代表中国的一种符号被传播到世界的各个角落,把来自传统中国的美好愿景带到遥远的各地。

天地英雄气，千秋尚凛然。

势分三足鼎，业复五铢钱。

——刘禹锡《蜀先主庙》

唐朝诗人刘禹锡在这首《蜀先主庙》中，盛赞了三国时期蜀国君主刘备的英雄伟业。我们今天仍然常说的"三国鼎立"，就是说魏蜀吴三国像鼎的三个脚一样，各立一方，相互抗衡。而在古代，鼎不仅是三足两耳的炊具，更是一直被人们视为立国重器，成为国家与权力的象征。

在中国历史上，鼎曾长期被视作王权的象征。成语"问鼎中原"，就是比喻人企图夺取天下，享有至高无上的地位。而在现代社会，我们也常能在一些办公大楼或公司门口看到大鼎，此时的大鼎则是一种装饰品，用来象征稳固与繁荣。而总与鼎相提并论的瓶，则因为与平安的"平"谐音，常被用来表示平安、平顺、太平等寓意，作为装饰品摆放在门厅中。

鼎与瓶是古人生活中常见的容器，但是它们的功能却早早地便超脱于生活，承载起中国人对生活的某些期待。

如今我们看到的大鼎大多是青铜材质，它的形状十分特别，圆鼎一般有三足两耳，方鼎则有四足两耳，再加上表面繁复精美的花纹，就是一个威风凛凛的大鼎了。在古代，鼎最初是食物容器，古人用它来烹饪肉食，或是调和各种味道。古时候，并不是所有的人家都用得起鼎这样的器具的，它几乎是贵族们的专属。成语"钟鸣鼎食"，便表现出古人家族人丁兴旺、仆役众多的庞大场面，是贵族身份的象征。而到了夏商期，鼎逐渐演变成在祭祀等重大活动中使用的礼器，鼎上的纹饰也随之越来越精美复杂。从目前出土的商周青铜鼎中，我们能看到饕餮、虺龙等吉祥瑞兽，也能看到征战、宴饮等宏大场面，这反映出古人高超的艺术水平。随后，鼎又演化成国之重器，象征统治者的权威。因此，鼎的铸造在当时可是非常重要的国家大事。

春秋时期，强大的诸侯楚国企图挑战周天子的权威，国君楚庄公向周定王的使臣问鼎的大小及轻重，意欲取周而代之。周大臣王孙满不卑不亢地回答："统治天下在德而不在乎鼎。如果天子有德，鼎虽小，却重得难以转移。如果天子无德，鼎虽大，却轻而易动。周朝的国运未完，鼎的重量您不可以问。"楚庄公很不服气，但也无话可说。后来，"问鼎""问鼎中原"便成为觊觎国家权力的象征。

关于鼎，古代还有这样一个传说。相传大禹成功治水后，便收集天下九州的青铜铸成九只大鼎，并在鼎上刻有各州的地理、民情等信息。因此，"九鼎"便成为国家政权的象征。谁占有了"九鼎"，谁就等于掌握了全国最高的政治权力。后来，夏商周三代王朝更迭，九鼎也随之易手。于是九鼎就成了天下诸侯争夺的对象，在当时人们的心中，没有九鼎，就不是真正的君主。然而，到了秦汉之间，九鼎却不见了踪影。关于九鼎的下落，直到现在人们还在争论不休。

虽然大禹制造的九鼎下落不明，但是鼎的巨大影响力并未消失。历代皇帝都希望自己能找到九鼎，以稳固人心。鼎对中国文化产生了深远影响，还衍生出许多相关的成语俗语。例如，"问鼎中原"表示图谋霸业，"一言九鼎"表示一个人说话很有分量；"力能扛鼎"比喻人力大无穷，能抬起大鼎；

等等。"鼎"又引申出"大""重要""重大"等形容词意义，如"鼎力相助""一代鼎臣"等。

今天，鼎已成为权威、诚信、团结和统一的吉祥物。鼎作为商务礼品，用在公司开张、楼盘落成典礼上，有"鼎力相助""一言九鼎"的吉祥寓意。朋友乔迁新居，给朋友新家送鼎，也就是送去家族兴旺、生活走向鼎盛的祝福。

与鼎相似，瓶也是中国家庭及一些办公场所的常见摆件。客厅内的

电视柜两边、博古架以及装饰柜上，常常能见到瓶的身影。瓶与鼎共同装饰家居，美化生活。"瓶"与平安的"平"同音，所以人们家中常常摆着花瓶，寓意四季平安。如果再在花瓶中插入一簇寓意富贵的牡丹花，那更代表了主人最中国式的传统心愿——平安富贵。

花瓶的嘴小肚子大，像个储钱罐，所以古人把花瓶摆放在家中，认为它能够帮主人提升财运，有招财聚财的寓意。"瓶"又与平静、平常、平稳、平步青云等的"平"同音，故将花瓶摆设在家中，还有助于提醒主人时刻保持心性平和、鼓励人们事业进取。此外，人们还常把花瓶做成葫芦形态，葫芦上小下大、圆润饱满，"葫芦"又与"福禄"谐音，因此，葫芦瓶也是个吉祥的好兆头。

花瓶经常会作为吉祥的礼品送出。古时，瓶是姑娘出嫁的陪嫁品，娘家人会给女儿挑选造型圆润、图案喜庆的一对宝瓶作为嫁妆，瓶内放上五宝、五谷、五香等等物品，用红线扎好口，盼望着女儿能在婆家平平顺顺。

如今，无论是鼎还是瓶，它们的文化

意义都远大于实用价值。而它们作为代表着美好祝福的吉祥物，会一直装点着我们多姿多彩的生活。

房中有画屏

银烛秋光冷画屏,轻罗小扇扑流萤。

——杜牧《秋夕》

这是唐代诗人杜牧七言绝句《秋夕》中的两句。秋夜里,在银白色的烛光下,屋里屏风上的图案显得更加暗淡幽冷。诗里的"画屏",是指上面有绘画的屏风。

> 屏风有挡风、分隔空间、保护隐私、防风、隔断、遮隐的作用,它能够避免屋外的大风"长驱直入",对主人的健康有益。此外,屏风还使得整个室内隔而不离、若隐若现,既保护了主人的隐私,又不使空间全然密闭。同时屏风上常常装饰有各式图案,点缀和美化了家居环境,体现出主人的雅趣。

上图是一幅南唐时期的画作,描绘了官员韩熙载家里晚上宴请宾客的场面。画家巧妙地用屏风将画面分隔为赏乐、观舞等五段,将不同时间段的活动呈现在同一画作中。尤其引人注意的是画卷中的一张床,主人用一组三扇小屏风将其围起来,人们团坐其间,饮酒交谈,十分自在。

屏风是中国古代非常流行的起居用具,人们常会在家里摆放一扇或者一组屏风,并在上面作画、题字用以装饰。屏风作为传统家具的重要代表,历史非常悠久。起初,屏风是专门为皇帝设计的,它被摆在龙椅后面,代表帝王至高无上的权力,这叫作"天子当屏而立"。到了汉唐时期,平民百姓家里也开始摆放屏风。在过去很长的时间里,古人都是席地而卧的,为了防止睡在地上着凉生病,人们把屏风放在席子、床榻的后面或者两侧,用来遮风挡寒,非常实用。

屏风的形制灵活,

有独扇屏风,也有可折叠的组合屏风。屏风虽然灵活,但却非常结实呢!据说魏晋时期有个吝啬鬼王琨,他把家里的米、盐、酱油等全部挂在自己床边的木屏风上,别人都要经过他的同意才能取用。可见,早期的屏风非常敦实厚重,这样才能承载上面的各种生活杂物。屏风的种类也呈多种多样,有地上摆着的、床头立着的、桌前竖着的。明代还出现了挂在墙上的挂屏,那就已经脱离实用性、成为纯粹的装饰品了。屏风的材质也非常丰富,有漆艺、木雕、琉璃、石头、竹藤等,各有各的韵味。

中国古人在生活中也有着极高的审美水平,而对屏风的装饰,更是充分展示了古人杰出的艺术才能。人们或在屏风上刻画各种各样的吉祥图案,或在上面书写

行云流水的书法,其风格或华丽或雅致,反映着主人不同的生活格调。相传唐太宗就曾将他的治国之道大写于屏风之上,用以自勉警人。

屏风画的题材广泛,山水、人物、花鸟、博古、书法等,都是常见的内容。比如最常见的山水画题材,上面描绘着烟波山水或皓月长天的美景,每当心烦意乱的时候,抬头望一眼,立刻就能将人们的心带去远方,暂时躲避生活琐事的纷纷扰扰,缓解紧张的心情。又比如花卉题材,花团锦簇、喜鹊登梅、花鸟莺燕的屏风立于厅堂之中,宾客进门一抬头就看见这喜气洋洋、欣欣向荣的景色,自然心旷神怡。也有人爱把古代的名人形象,或是历史故事画在屏风上,用来勉励自己。总之,不同的题材表达着主人不同的心境与抱负,屏风也是了解主人的一个窗口。

中国人讲究"曲则有情",山山水水要曲折连环才好看,在家庭装饰中,也是一样。古人巧妙地用一扇屏风,既阻隔气流"长驱直入"的冲击,又能区分空间,辟出一块清新恬静的私人小天地,还能通过屏面的书画来装饰房间,可谓一举三得,真是融艺术于生活的大智慧。

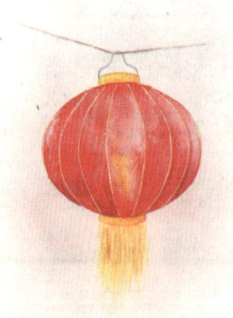

元宵灯如昼

去年元夜时，花市灯如昼。
月上柳梢头，人约黄昏后。

——欧阳修《生查子·元夕》

这是宋代文学家欧阳修的词作《生查子·元夕》中的两句，写的是元宵节时人们观灯闹夜的精彩场面。我国从唐朝起就有元宵观灯的风俗，每到这一天，城市中开放宵禁，人们畅游灯市，通宵歌舞。尤其是那一盏盏灯笼，更是将节日的欢庆气氛推向高潮。

灯笼是喜庆的象征。每年农历正月十五前后，中国人都会挂起大红灯笼，借着它圆圆的形状、通红的颜色和闪烁的灯光，来象征家庭团团圆圆的美好祝愿。

在喜庆的元宵佳节，赏花灯、猜灯谜、挂灯笼、送灯笼，一直是我们中华民族的传统，距今已有一千多年的历史了。

在中国，挂灯笼的起源跟佛教有

关。相传，东汉明帝为了弘扬佛法，下令正月十五晚上在宫廷和寺院燃灯礼佛，百姓人家也要持灯敬佛。于是，正月十五燃灯的风俗就流传了下来。后来，元宵节成为民间的盛大节日。唐开元年间，为了庆祝国泰民安，人们也扎结花灯，借斑斓闪烁的灯光来象征"彩龙兆祥，民富国强"的愿望，看花灯的风俗从此广为流行。宋朝时还出现了猜灯谜的活动，人们把灯谜写成字条贴在灯笼上，供观灯人竞猜，十分有趣。经过历朝历代传承，灯笼的名目越来越多，镜灯、琉璃灯……五颜六色的彩灯将节日的气氛烘托得红红火火，带给人们许多欢乐。

在民间传说中，点灯笼的来历则更有传奇色彩。传说，有一只因迷路而降落人间的神鸟意外地被猎人给射死了，天帝知道后，下令天兵于正月十五到人间放火，要将人间的人畜、财物通通烧掉。善良的天帝的女儿将此事告诉了人们。一位老人就想出了正月十四、十五、十六三天，家家户户都张灯结彩、燃放烟火的主意，好让天帝看到人间灯火通明，

误以为天兵已在人间放了火。最后人们因此得救,从此民间就形成了在正月里的这三天挂灯的习俗。

无论是虚无缥缈的神话,还是有据可查的历史传说,灯笼都表达着人们对于未来美好生活的期盼,是象征着平安幸福的吉祥物。每年正月十五的晚上,孩子们会各自挑着灯笼出门玩耍。满院子星星点点的光芒透过薄纸映在孩子们可爱的笑脸上,每个人心里都美滋滋的。偶尔有粗心的孩子把灯笼里的蜡烛打翻,眼看着灯笼烧成灰,也会引得大家哈哈大笑。

"外甥打灯笼——照旧(找舅)"这句耳熟能详的歇后语背后,也反映了我国北方的古老习俗:正月初五到十五,舅舅要给外甥送灯笼,直到外甥到了满灯的年纪(满12周岁)。而正月十五当晚,12岁以下的孩子要打上娘舅送的灯笼，以期来年心明眼亮、茁壮成长。为什么会有正月送灯的习俗呢？这是因为，送"灯"取谐音送"丁"，有希望人丁兴旺的美好寓意。在古时候，女孩子出嫁后，正月里娘家人都要送灯笼给她，以盼望女儿多子多孙；女儿生了孩子，娘舅要一直给外甥送灯笼到其长大成人。灯的样式有莲花灯、麒麟灯、石榴灯，等等。小小的灯笼里，满含着长辈对晚辈长命富贵的美好祝福。

在人类的发展史上，火是文明的象征，而灯则是帮助人们保存火种的器具。灯笼作为重要的灯具，不仅能照明用，更成为薪火相传的吉祥物，活跃于各个吉庆场合。元宵节要迎花灯、赏花灯；结婚时，娘家人给新娘添上一对新娘灯，寓意"添丁"；古时，每逢正月里私塾开学时，家长还会为子女准备一盏灯笼，由老师点亮，象征学生的前途一片光明，这称为"开灯"仪式。以前还有一种常见的字姓灯，是挂在大户人家的屋檐下或者祠堂外的一种灯笼，上面写着家族姓氏或祖先曾担任的职位。

中国灯笼的制作工艺是包含多种技法、工艺和装饰技巧的综合艺术，工匠们利用竹木、纸张、绫绢、明球、玉佩、丝穗、羽毛、贝壳等材料，经过彩扎、裱糊、编结、刺绣、雕刻等工序，再配以剪纸、书画、诗词等装饰品，最终制作出宫灯、纱灯、走马

灯、孔明灯、花篮灯等等种类繁多的灯笼,样样都令人赏心悦目、爱不释手。

天清如水的夜晚,在庭院中点亮一盏灯笼,家人们聚在灯下,畅饮欢笑,是属于很多人的美好记忆。红彤彤的灯笼不仅照亮了黑夜,也照亮了人们的心。

鞭炮声声

爆竹声中一岁除,春风送暖入屠苏。
千门万户曈曈日,总把新桃换旧符。

——王安石《元日》

宋代诗人王安石的这首《元日》,使得今天的我们对古人的春节习俗依然有生动直观的感受。爆竹红色的火光、屠苏酒的甘醇、更新的桃符,都能让人们感受到春天的气息,仿佛暖洋洋的春天就在眼前。屠苏酒虽然现在鲜有人喝,但是在春节燃放爆竹、张贴桃符或春联的习俗,却保留到了今天。

燃放鞭炮是我们中国人典型的庆祝方式,是辞旧迎新的标志。每逢新年,家家户户开门的第一件事就是燃放鞭炮,在噼里啪啦的声音中迎接新年。鞭炮象征着节日的欢愉和吉利,在现代婚庆、开业、升学等吉庆的场合,人们依然会燃放鞭炮,让那灿烂的火光、震天的声响,把热闹的气氛推向高潮。为了环保,现在人们将传统鞭炮改为电子鞭炮,以声音来代替实物。

鞭炮又称爆竹、纸炮仔（客家话）、炮仗（粤语），是中国特有的吉祥物。在中国，人们只要听到哪里的鞭炮声响，就知道哪里有喜事降临，浓浓的喜庆气氛会感染到每一个人。

鞭炮起源于古代的爆竹，至今已有两千余年的历史了。和桃符、春联一样，爆竹最早是用来驱邪除魔的。中国古代早期还没有纸张和火药，人们便燃烧竹子，由于竹腔内空气受热膨胀，竹子便爆裂开来，产生哔哔剥剥的响声，人们以此来驱瘟逐邪、祈福纳祥。现在看来，古人的做法虽然迷信，但也反映了祖先们渴求安康太平的美好心愿，爆竹也就成了寓意平安祥和的吉祥物。

到了唐代，李畋（tián）为爆竹的发展做出巨大贡献。传说当时瘟疫流行，人们传言是山魈邪气作怪。李畋想到古人燃竹可壮气驱邪，但试过之后发现竹子的爆力不足。聪明的他想出了一个办法，便大胆地在竹节上钻一个小孔，把硝药小心填入，再用松油封口后引爆。这回的响声果然不得了，几乎是震天动地、山叫谷鸣。于是乡民们纷纷效仿，一时间山中爆声四起、浓烈的烟雾驱散了瘴气，抑制了瘟疫的流行。不过这种爆竹不易携带，而且不安全，李畋经过反复试验，选择了用纸张代替竹子，效果非常好。后来，这种爆竹除了用于驱除瘴气，人们还喜欢在结婚、春节等喜庆场合燃放，来祈求平安和吉祥。后人为了纪念李畋，尊称他为中国花炮祖师。

火药发明后，人们便不再燃烧竹子了，而是将硝石、硫黄和木炭等填充在竹筒内燃烧，火药爆竹能产生更大的声响和更明亮的火光，便逐渐替代了竹节爆竹。此外，民间还用纸筒和麻茎包裹火药，再编成串做成"编炮"，因为火药爆竹的声音与鞭子甩动的声音类似，所以就有了"鞭炮"的叫法。再后来，鞭炮的种类更是五花八门：飞得高的叫"起火"，在地上打转的叫"地老鼠"，还有诸如"双响炮""三层楼"等花样。

鞭炮是流传于中华大地千百年的古老吉祥物。虽然时过境迁，但每当鞭炮声一响，来自远古的祝福就如同这迸发的火光一般，飞速抵达每个人的心田。

近年来，由于鞭炮的烟火易造成大气污染、声音污染，燃放不当还容易伤人，人们便发明了电子鞭炮，它借助声光电效果模拟真实鞭炮，既环保又安全，在市场上日渐走俏。电子鞭炮是爆竹在新时代的化身，它同样能将我们的节日装点得红红火火。还有红彤彤的鞭炮形状的吉祥挂饰，也寄托了人们对生活的美好祝愿。

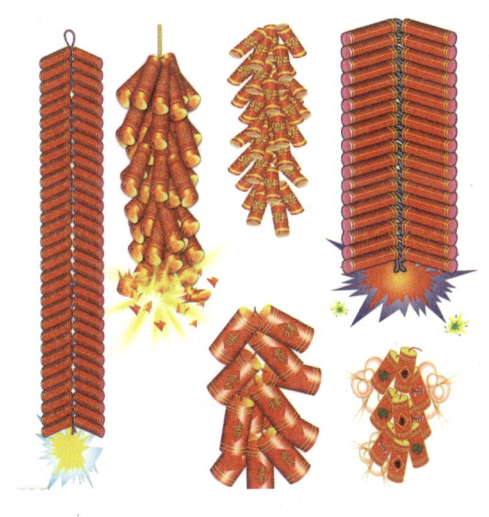

长命锁

宝玉……项上挂着长命锁、记名符，另外有那一块落草时衔下来的宝玉。……宝钗……从里面大红袄儿上将那珠宝晶莹、黄金灿烂的璎珞摘出来。

——曹雪芹《红楼梦》

上面这段文字，是《红楼梦》中贾宝玉和薛宝钗互相观赏对方脖子上所佩饰物的情节。宝玉和宝钗佩戴的项锁，就是传统的吉祥物——长命锁。

长命锁是中国式的育儿习俗，由长辈为儿童佩戴在脖子上，直到其长大成人。长命锁有着吉祥的寓意，人们将"锁"的功能加以引申，希望它能为儿童"锁"住健康长寿、"锁"定平安幸福。

锁是日常生活中最常见的器具之一，起封闭的作用。门、箱、柜等物一旦上锁，就要用钥匙才能打开。人们把锁的用处加以引申，希望锁住无形的事物，如锁住生命、锁住幸福。在我们国家，从古到今，都有给小孩子佩戴长命锁的习俗。

长命锁也叫"寄名锁"，它的由来要从"长命缕"说起。从汉代开始，每逢农历五月初五，家家户户都挂起五色丝线来祈求吉祥。五色丝线虽小，在人们心中却象征着神奇的力量，能驱除邪魔。到了魏晋南北朝时，五彩丝线逐渐成为妇女和孩童佩戴在手臂上的装饰。宋代以后，长命缕在宫廷中也流传起来。它的形制变得更加复杂，除了丝线外，还坠有珍珠等饰物。在宋代，皇帝还会在端午节前为文武百官钦赐长命缕，谁若得到可是天大的荣耀，肯定会在节日里佩戴，来彰显自己的身份。到了明代，随着风俗变迁，长命缕便只有孩童佩戴，并逐渐演变成佩戴在脖颈上的饰物，久而久之，就演变成了长命锁。

长命锁的材料通常是金银或宝玉，由于取材方便，在古时，大多数长命锁都是用银钱熔化制作的。

打造长命锁的钱也很有讲究。据说，旧时新生儿的父母会到邻里百家去筹钱，向各家各户分别讨要一文钱，或者拿着钱去跟乞丐换，因为乞丐的钱也是从百家讨来的。用百家钱购买或打造成的"百家保锁"，

仿佛汲取了百家的力量，能够借着百家的福气来增强神力，更好地锁住新生儿的生命，保佑其平安。这当然是迷信，但却饱含了长辈对晚辈最最真挚的祝福，也是邻里之间互助友爱的体现。

长命锁经工匠师傅精雕细琢，刻成锁头模样，小巧玲珑，上面或刻有"长命百岁""福禄寿""平安长寿"等吉祥语，或刻着寿桃、喜鹊、元宝、蝙蝠、牡丹、麒麟等吉祥图案，也可能雕琢着鼠、牛、虎、兔等十二生肖图案，精美异常。有的长命锁那鼓起的腹部还能打开，并配有钥匙。长辈们希望它能"锁"住孩子的生命，让他们平安长大，同时还能为他们带来吉祥好运。因此长命锁一直备受人们欢迎，是大家都喜闻乐见的吉祥物。

每当新生儿出世满百日或周岁时，家中长辈便齐聚一堂，宴请亲友，还会给小儿戴上长命锁，求福辟邪，直到幼儿成人后再摘下来。

长命锁从造型到装饰都富于巧思，古人把最美好的祝福凝聚在长命锁中，佩戴到孩子身上。长命锁不仅"锁住"了幼儿的福气，也"锁住"了一家的幸福，更"锁住"了我们中华民族温暖的亲情。

第二章 龙凤呈祥

- 十二生肖
- 龙凤麟龟
- 呦呦鹿鸣
- 狮狮如意
- 长寿仙鹤
- 太平有象
- 蝠来鹊跃
- 年年有鱼

十二生肖

鼠迹生尘案，牛羊暮下来。

虎哺坐空谷，兔月向窗开。

龙隰远青翠，蛇柳近徘徊。

马兰方远摘，羊负始春栽。

猴栗羞芳果，鸡砧引清杯。

狗其怀物外，猪蠡窅悠哉。

——沈炯《十二属相诗》

这是一首脍炙人口的十二生肖诗，诗人将十二个生肖按序嵌入每句诗的开头，并用诗句突出了每个属相的特点，别有趣味。

生肖是很有中国特色的动物文化，人们围绕这十二种动物生发出形形色色的民俗，并试图在生肖与自身命运之间建立起关联。所以，十二生肖既是春节的吉祥物，又是伴随中国人一生的幸运符号。

在人类历史上，人与动物始终有着特殊的关系。从原始社会开始，我们的祖先就认为人与动物在遥远的原始时代有着亲密的血缘关系，因此，动物崇拜是中国很久远的传统。

十二生肖，是古人"干支纪年法"

和我国西北部游牧民族动物纪年方法相结合的产物。早在夏朝，古人就分别用十天干、十二地支相配合来记录年份，可是这样有点复杂，为了方便记忆，古人便用十二种动物代表十二地支。人们选取与生活关系最为密切的"六畜"（马牛羊鸡狗猪）和"六兽"（鼠虎兔龙蛇猴），与十二地支组合起来，形成了现在流行的十二生肖序列：子鼠、丑牛、寅虎、卯兔、辰龙、巳蛇、午马、未羊、申猴、酉鸡、戌狗、亥猪。

可以看到，十二生肖中大多是我们平时熟悉的动物，但是，为什么它们中偏偏没有猫呢？它也是我们生活中常能见到的呀。关于这一点，有这样的一个传说：在很久很久以前，轩辕黄帝要遴选十二个动物守卫宫廷，猫让老鼠帮忙报名，老鼠只报了自己，害得猫落选，从此猫鼠成为死对头。当然这只是趣味小故事，不足为信。而真实的原因是，猫的老家并不是中国。而早在猫传入中国之前，国内就已经有了十二生肖，这才是十二生肖中猫"落选"的原因。

十二生肖逐渐成为民俗符号，由此出发，人们编织出许多有趣的故事，生发出形形色色的民俗。尤其每逢农历新年前后，与当年生肖主题相关的邮票、剪纸、年画、吉祥物便如雨后春笋般冒出来，极大地丰富了人们的生活。比如年画中常常出现《蛇缠兔》主题，画面上的蛇紧密缠绕在兔子身旁，寓意着年年富足，这和"蛇缠兔，辈辈富"的说法有关系。又比如《老鼠嫁女》的年画，常出现在结婚典礼上，花轿、吹鼓手等都是老鼠，象征物产丰富，以至于粮食多得能养老鼠，有着丰收的吉祥寓意。

虽然有些生肖动物比较生猛强悍，但咱们的祖先将它们的自然习性加以夸张和想象，取其精华后，又给它们赋予诸多的文化寓意，所以每一种生肖都是象征和谐幸福的吉祥物。比如这句猪年的贺岁祝福语："鼠年兴，牛年壮，虎年猛，兔年强，龙年飞，蛇年祥，马年奔，羊年放，猴年高，鸡年升，狗年旺。十二生肖少一个，猪年大发贺新年！"你看，短短的一段话，就把十二生肖从头到尾夸了个遍！又比如羊年拜年时常说：做人"羊"眉吐气、生意"洋洋"得意、前程"羊"关大道、烦恼"羊"长而去，这是又把汉字谐音字和生肖文化结合在一起了。此外，"三羊（阳）开泰""诸（猪）事大吉""马到功成"等等带有生肖的祝福语，也一直是过年时的时尚拜年吉祥话。

虽然十二生肖究竟源于何时，今天已难以准确地考证，但古老的生肖文化却代代相传，在不同的时代焕发出新的生机。

第二章 龙凤呈祥 LONGFENGCHENGXIANG

龙凤麟龟

麟、凤、龟、龙，谓之四灵。

——《礼记·礼运》

远古时期，我们的祖先假借自然界各种动物、植物为符号，作为一个部落的图腾。经过部落之间的吞并与组合，图腾也在不断更迭，于是便出现了以麟、凤、龟、龙为主的象征吉兆的神灵之物。

麟、凤、龟、龙这四种神兽分别代表了祥瑞、和谐、长寿和高贵。人们有时用它们来比喻珍贵而稀有的东西，有时用它们来象征特别杰出的人才。

第二章 龙凤呈祥 LONGFENGCHENGXIANG

以上的这四种动物，除了龟之外，其余三种都只出现在神话传说中，在实际中并不存在。有趣的是，当古人在想象它们的外形时，借用了不同动物的部位：比如龙，人们说它"角似鹿，头似驼，嘴似驴，眼似龟，耳似牛，鳞似鱼，须似虾，腹似蛇，足似鹰"；又比如麒麟，人们形容它"形状像鹿，头上有角，全身有鳞甲，尾像牛尾"。可见，龙、凤、麒麟，其实都源自寻常百姓们常见的动物。

龙是中华民族的图腾，中国人历来宣称自己是龙的传人，而关于龙的传说、种类甚至它的子孙都流传着不少故事。龙的形象象征统治王权，皇帝的礼服叫"龙袍"、皇帝的身体叫"龙体"、皇帝的座椅叫"龙椅"……传说中，龙有九个儿子，它们分别是囚牛、睚眦、嘲风、蒲牢、狻猊（suān ní）、赑屃（bì xì）、狴犴（bì àn）、负屃和螭吻。相传它们虽同样是龙的儿子，但形貌和性格却都不相同。成语"龙生九子"，就是比喻同胞兄弟的良莠不齐。当然，九是多的意思，并不是说龙真的有九个儿子。

凤凰是仅次于龙的祥瑞，是传说中的"百鸟之王"，是纳福迎祥、驱邪禳灾的吉祥物。凤凰是对雌雄二鸟的合称，雄的称凤，雌的叫凰，古人认为，凤凰齐飞是吉祥和谐的象征。

古人形容凤凰的外形，说它是"鸡头、燕颔、蛇颈、龟背、鱼尾、五彩色，高六尺许"，外表绚丽华美。而凤凰的习性也与凡鸟不同，"非梧桐不止，非练实不食，非醴泉不饮"。意思是说，不是梧桐树它不栖息，不是竹子的果实它不吃，不是甜美的泉水它不喝，以此形容它的超凡脱俗。此外，凤凰还是爱情的象征，青年男女两情相悦，常以凤钗作为定情信物；成婚时，夫妻二人会穿着绣有龙凤图案的衣物，房中还会燃烧龙凤花烛；等等。

龙凤是中华民族最常用的民族图腾，"龙飞凤舞""龙凤呈祥""龙章凤姿""龙凤胎"，无不代表着人们对吉祥与美好的渴求。

麒麟也是大名鼎鼎的仁兽，传说它是百兽之王，性情温和，仿佛一位风度翩翩的仁厚君子，所以常常被用来比喻德才兼备的贤者。古人认为，麒麟出没之处，必有祥瑞。相传,孔子诞生前夜,有麒麟在他家中口吐玉书，随后孔子降生。民间还有"麒麟送子"的说法，比如谁家生了可爱的男孩儿，人们会恭喜这家人"喜获麟儿"，这是最常听到的吉祥话。如今，麒麟送子图依然频繁地出现

在年画、陶瓷、雕刻等艺术品中。

由于传说中麒麟不伤生灵，对人有益无害，只有天下太平、政清民和之时，麒麟才会出现。所以在传统民俗中，麒麟还被制作成各式各样的摆件安置在家中，有祈福定宅的寓意。总之，麒麟是人们常放在身边左右的吉祥物，除了房中的摆设之外，人们也会将它做成玉雕等装饰品佩戴在身边，期盼着它能为自己的生活和家庭带来幸运与安宁。

当然，以上三种动物都只存在于古人的想象中，并不是真实存在的事物。正因如此，人们才会拿成语"凤毛麟角"来比喻极为罕见的事物。

龟作为神兽的一种，它虽然没有别的神兽那种非凡的本领，却也受到人们的喜爱。首先，在科学技术不发达的古代，祖先们相信龟能够"通人事"，预测人们的善恶祸福。于是，在几千年前的商代，人们用龟壳占卜，将龟作为人与上天"通信"的工具，而且还在龟壳上刻字，也就出现了令后世引以为傲的甲骨文。虽然龟的"灵性"一时难以验证，但它的另一个优点却是人人皆知，这就是长寿。"龟年鹤寿"是人们常用的祝寿成语。

当然，无论人们对麟凤龟龙的描述和想象有多夸张，但借此表达的吉祥寓意却是纯真质朴的。而"四灵"作为典型的传统吉祥物，它们的身影依然在今天的生活中不时闪现着，象征着中国人的祖先对后辈平安吉祥的祝愿。

呦呦鹿鸣，食野之苹。
我有嘉宾，鼓瑟吹笙。

——《诗经·小雅·鹿鸣》

这是《诗经·小雅·鹿鸣》中的一句诗，诗中描绘了一幅乐陶陶的和谐画面：在一望无际的原野上，一群小鹿一边呦呦鸣叫，一边悠闲地啃食着野草。宴会上的宾客们则在演奏着美妙的音乐，不亦乐乎。画面中，人与动物融洽相处，其乐融融。

鹿的外观优雅、性情温柔，一向被中国人视为祥瑞动物，它既象征着长寿康健，也有着高官厚禄、前途光明的寓意。人们有时还将追逐鹿群的行为比拟为权力的追逐比拼，成语"逐鹿天下"就是由此而来的。

从古至今,鹿都被中国人看作身边的仙兽。鹿全身是宝,在医生眼中,鹿茸、鹿血等可以强健筋骨、延缓衰老;在厨师眼中,以鹿肉为原料的佳肴不下百十种,清朝时鹿肉甚至还是朝廷的贡品。而在北方,少数民族同胞们以鹿皮制成的衣、靴、帽、被褥等物品也极为常见。

中国人饲养鹿的历史十分悠久,从商周时期起,殷纣王就专门建了"大三里,高千尺"的鹿苑。古时皇家都饲养鹿群来观赏,是极为奢侈的享受。后来,佛堂寺院为了增加和平静穆的气氛,也开始饲养鹿群。这个传统在今日的中国已经基本消失,但在日本,一些寺院至今依然保留着养鹿观赏的传统。

鹿被人们认作是吉祥物，首先得益于它的外形。鹿的身姿轻盈灵巧，头上长有造型独特的鹿角，再加上晶莹剔透的大眼睛，显得其格外有神。所以，人们经常用灵动的小鹿来比喻漂亮的孩子。尤其是梅花鹿，油光水滑的棕红色皮毛配以白色斑点，以及修长健壮的四肢，着实值得赞美。想象在一片水草丰美的树林里，一群小鹿时而奔跑，时而临溪饮水，这样的画面真是美不胜收。

此外，因为鹿的寿命较长，还被古人视为仙兽，认为鹿能给人们带来吉祥、幸福和长寿。古人认为鹿的寿命很长："鹿寿千岁，满五百岁则其色白。"这是说鹿能活千岁以上，而满五百岁开始，鹿的毛色就逐渐变白，成为白鹿，与仙人为伍。据说老子就常常骑白鹿出游，因此，在人们想象中，那些长寿神仙常常以白鹿为坐骑。在今天陕西省西安市境内有一座风景秀美的台塬，传说几千年前，周平王迁都洛阳途中，曾见到原上有白鹿游弋，因此人们便将这片神秘美丽的土地命名为"白鹿原"。

在传说中，一些仙鹿能活千岁以上，故而成为人们心目中当之无愧的寿星，也是一些贺寿的吉祥画常用的题材。比如"鹿鹤衔芝"，画面上，一只梅花鹿与同样象征长寿的仙鹤并立，共同衔着一棵灵芝仙草，寓示延年益寿、永葆青春。

除长寿外,鹿有时也会被用来表示繁荣昌盛。"鹿"字与古代官员俸禄的"禄"字同音,于是古人在鹿的身上又寄托了升官发财之意。由许多鹿在一起拼成的图案,成为"百鹿纹",在清代十分流行。

在神话传说中,鹿还是天上瑶光星散开时生成的瑞兽,人们说"瑶光散为鹿",认为鹿的出现是吉兆,是国家繁荣昌盛的象征。虽然只是神话,但先人在鹿身上所寄予的吉祥寓意由此可见一斑。古人还有个非常有趣的观点,如果哪一朝的君王圣明,白鹿就会现世,因此古代没有哪个帝王敢怠慢了鹿。

虽然鹿的性情温良、与世无争,但因鹿角和下颌骨能制作成兵器,在兵器制造业不发达的古代,其常常成为人们经常追逐捕猎的对象。于是,人们便很容易将对权力的追逐与对鹿群的追逐联想起来,因此鹿也进一步成为国家和王权的象征。"逐鹿中原""鹿死谁手"等成语,都被用来表达人们对权力的追逐。

鹿还有群居的特性,所以人们又会以鹿来比喻宾朋,以"鹿鸣"比喻宴会宾客之乐。古时更有所谓"鹿鸣宴",皇帝宴请科举学子,以鹿作为主菜,席间会有人吟诵《诗经》中的《鹿鸣》篇:"呦呦鹿鸣,食野之苹。我有嘉宾,鼓瑟吹笙",用来表示皇恩浩荡,也表达皇帝对人才的器重,"鹿鸣宴"的美称就因此而来。

优雅灵动的鹿是生物进化的奇迹,是人类身边的吉祥生灵。中国人和鹿之间从未间断过联系,它不仅是先人的狩猎对象,还是象征生命力、长寿、福禄的吉祥物,并一直陪伴在人们身边。

狮狮如意

> 卢沟桥的石狮子——数不清。
>
> ——歇后语

你一定读过这则著名的歇后语，但你有没有想过，为何卢沟桥头要雕刻这么多狮子呢？其实，不仅是卢沟桥的狮子数不清，历数中国各个古建筑，那些形态各异的石狮子又哪能数得清呢？

石狮雕刻是我国传统石雕最具代表意义的一种艺术形式。石狮常被成对对称地搁置在宫殿、官署、寺庙及陵墓等建筑前。人们借狮子威猛神气的相貌来趋吉辟邪，石狮有威震四方、避凶纳吉的寓意，是我国最常见，也最具有传统文化意味的建筑装饰物。

狮子的原产地是非洲、印度和南美洲。而到了汉朝时，随着丝绸之路的打通，狮子才从西域千里迢迢而来，作为贡品作客中国，被养在皇家内苑中。东汉年间，佛教传入中国，因为佛教中有名的文殊菩萨正是以狮子为坐骑，于是，寺院中狮子的雕塑就开始更频繁地出现在百姓的生活中。

狮子原名叫"狻猊"，根据西域语言音译而来，"狮子"这个名称是后来与汉语古音融合与简化的结果。狮子在传入中国后，渐渐地与中国文化相融合，被人们视为吉祥的守护神，搁置在宅院门口两旁，威震四方，成为非常普遍的装饰物。古代的大中型建筑物的门口，都会放置一对石狮。而在现代生活中，石狮依然常见于小区、商场等现代建筑门口。

狮子的家乡不是中国，但却备受中国人的尊敬和喜爱。每逢佳节，舞狮表演为人们增添了喜庆气氛，穿着五彩狮子外套的人们学习狮子俯仰跳跃、滚绣球，精彩的表演为节日增

添了无尽的吉祥寓意。在我们中国,以狮子命名的名胜街道也非常多:黄山有狮子峰,苏州有狮子林,宁波有狮子街,南京有狮子桥……除了建筑,狮子灯、狮子牌坊等物品也屡见不鲜,而红烧狮子头更是家喻户晓的名吃。远道而来的狮子早已在中国"安居乐业",真有点儿"反认他乡是故乡"的意味了。

古人为何把狮子看作吉祥瑞兽呢?原来,在狮子从西域传入中国之初,数量非常有限,只有极少数皇室成员才有机会一览真狮子的风采。

无法见到狮子真容的百姓们听说狮子很威猛,便充分发挥想象力,口口相传,把中国特有的龙、老虎、麒麟等神兽的形象捏合在一起,于是狮子在人们口中就变成了头披卷毛、张嘴扬颈、四爪强劲有力、口含夜明珠、体形健壮肥硕、神态威武霸气的模样。

石狮子不仅外貌变了模样,"发型"也被改造成卷发,头上凸起一个个的小疙瘩。别小瞧这些小疙瘩,据史料记载:石狮子头上有多少"疙瘩"是有严格规定的:只有一品官员府第的石狮子头上有十三个疙瘩,人称"十三太保",官衔每减一品,守门石狮子头上就减少一个疙瘩,七品以下的官员府邸门前就不许摆放石狮子了。而皇宫里的石狮子头上却有四十五个"疙瘩",寓意皇家的九五之尊。可见,石狮还是彰显主人身份地位的吉祥物。因此,人们也用石狮子来祝贺友人官运亨通、飞黄腾达。值得注意的是,中国古建筑门口的石狮并不是形单影只,而是成双成对地被放置在大门外。两头石狮一左一右,看似大同小异,古代工匠们却在狮子造型上暗藏玄机:左蹄在玩弄绣球的是公狮子,象征勇猛威武,而母狮子的右蹄抚护着幼狮,象征子孙昌盛。

在中国文化中,人们眼中威武的狮子其实也有温柔可爱的一面。流行于南方的舞狮形象,口中含珠,玲珑可爱。人们模仿猫狗喜欢追逐滚动的球的动作,将它移用于狮子。在舞狮表演中,狮子追逐绣球嬉戏玩耍的样子充满稚气,惹人喜爱。如果狮子能顺利咬住绣球或者封包,则是喜事临门的吉兆,所以民间有"狮子滚绣球,好事在后头"的说法。

中国人喜欢狮子,也因此赋予狮子以各种不同的象征意义。在漫长的历史年代中,石狮陪伴着我们中国人历尽沧桑巨变,目睹着一个个朝代的兴衰更替,在一定程度上,它是"中国人的守护神",也是中国悠久历史的旁观者。

长寿仙鹤

> 昔人已乘黄鹤去,此地空余黄鹤楼。
> 黄鹤一去不复返,白云千载空悠悠。
> ——崔颢《黄鹤楼》

　　无论是脍炙人口的唐诗《黄鹤楼》,还是湖北武汉长江畔的黄鹤楼,相信大家都不会陌生。传说中,古代有仙人在此驾鹤西去,黄鹤楼因此得名。那么,鹤究竟又有着怎样的特质,为何能受到仙人的另眼相看呢?

　　鹤在中国文化中一直享有崇高的地位,它跟仙、道、人的精神品格有着密切的关系。特别是丹顶鹤,象征着长寿和优雅,常被与神仙联系起来,也被称为"仙鹤"。

鹤的性情温文尔雅，形态美丽，有着纤细的"大长腿"，看起来仙风道骨、体态风流，很有天地的灵气。中国人对仙鹤的崇拜已久，将它头顶的红髻称为"鸿运当头"，用成语"鹤鸣之士"来形容品德高尚的君子。还有成语"焚琴煮鹤"，意思则是把琴当柴烧，把鹤煮了吃，比喻糟蹋美好的事物，令人可惜。

鹤走起路来步态轻盈规矩，鸣声嘹亮高远，被比作动物界的"贤才"。所以古时，招聘贤才的诏书被称为"鹤板"，唐代诗人杜牧就写诗称自己要"腰缠十万贯，骑鹤下扬州"。又因有着挺拔骄傲的体态，鹤也是名士高情远志的象征物。宋代一位叫赵抃的官员，虽身居高位，生活却很节俭，常年仅以"一琴一鹤"为伴，可见他的清廉。又因为在传说之中，鹤生性自由，不受拘束，得道的人骑鹤往返、修道的人以鹤为伴，于是历史上的隐士自比为"闲云野鹤"，北宋高士林逋就曾隐于浙江西湖的孤山，以梅树和仙鹤为伴，过着"梅妻鹤子"的生活。可以说，中国古代几乎所有爱鹤、养鹤、赏鹤的人，都对生活有浪漫的追求和较高的品位。

因为在人们心中有着高洁的寓意，鹤在中国历史上被认为是高贵的文禽，地位仅次于凤，可以说是"一鸟之下，万鸟之上"。在明清两朝，一品文官的朝服上都绣有丹顶鹤，常见的图案有"一品当朝"和"一品高升"等。"一品当朝"的图案上画着一只鹤立在潮头的岩石上，而"潮"与"朝"谐音，这是希望穿它的人能建功立业，当上高官；而"一品高升"的图案也很吉祥，一只仙鹤在云中飞翔，腾云驾雾，象征升官晋职，青云直上的吉祥寓意。因此，古人也称鹤为"一品鸟"，把它作为高官的象征。

在中国传统文化中，鹤还是长寿的象征，所谓"鹤鸣人长寿"，古人常以"鹤寿""鹤龄"等作为献给老人的祝寿之词。在民间，人们还会把鹤和许多其他

吉祥的物象组合在一起，比如将仙鹤与挺拔苍劲的古松画在一起，作为长寿的象征，这就是"松鹤长春"和"鹤寿松龄"之意；比如与同样长寿的乌龟组合，意为"龟鹤齐龄"和"龟鹤延年"；比如将鹤与鹿或梧桐画在一起，被称为"鹿鹤同春"，也叫"六合同春"；再比如描绘众仙拱手仰视寿星驾鹤的场面，起名叫"群仙献寿图"等。虽然在现实生

活中，鹤这种动物既不会栖息在树上，也不会与龟守在一起，但这并没有阻碍古人飞扬的想象力。

　　古往今来，中国人对鹤始终有着特殊的感情，它既是神话中的仙鸟，也是能为人们带来祥瑞的福星，是仙人和凡人都可观可赏的吉祥动物。

> 象之为兽，形体特诡。
> 身倍数牛，目不逾狶。
> 鼻为口役，望头若尾。
>
> ——万震《南州异物志》

这是三国文人万震在《南州异物志》中对大象的一段描写。在当时人们的眼中，大象的外形很奇异。它的身形是牛的好几倍，眼睛却和猪的眼睛大小差不多。而因为头上挂着一条长长的鼻子，看起来就像长着又一条尾巴。最神奇的是，大象的鼻子活像人的手，可以"拿"起食物喂进口中。

在中国人眼中，大象虽然体形庞大，性情却很温和忠厚。因为它力大无穷，能够负重远行，是人们的好帮手，所以自古以来就被视作力量的象征。又因为"象"与吉祥的"祥"字谐音，所以，大象也被赋予了许多吉祥的寓意。

左图上的青铜器叫"九象尊",是距今三千多年前的商代人制造的。尊是古时的盛酒器具,这个九象尊敦实矮胖、大腹便便,跟普通细长脖子的青铜尊造型很不一样。九象尊的腹部刻有九只大象形象的纹饰,长鼻子向上高高卷起,圆溜溜的象眼夸张地大睁着,象牙、象耳的轮廓也很清晰,虽然象腿被省去了,但依旧能从大象匀称饱满的体态中观察出它们的动态,九只象仿佛围成一圈在缓缓前行。

九象尊出土于河南安阳的殷墟,也许有人会好奇,如今大象都生长在温暖潮湿的南方,而河南地处中原,那里的人们怎么会看到大象呢?原来,在商代的时候,生活在河南的人们确实常常能够看到大象,因此河南出土的青铜器上才会有象的造型。其实,直到秦汉以前,中原地区的气候都还是温暖潮湿的。那时候,中原黄河清澈,森林丛生,大象频频出没。直到后来气候条件变化,象群才逐渐南迁,中原人就很少见到它了。

河南省的简称"豫",它在甲骨文中的造型就是人牵着大象走,这也证实了大象曾经是我们祖先生活

中的"近邻",在中原并不罕见。

大象是陆地上最大的哺乳动物,在中国、印度等东方文明古国中享有崇高的地位。中国人把大象视为吉祥、太平的象征,与它相关的故事更是深深地融入了我们的日常生活中。

野生大象力大无穷、性情凶猛,传说中,第一个驯服大象耕田犁地的人是舜帝,于是才有了"虞舜服象"的故事。相传,上古的治水英雄禹是个大孝子,虽然他的继母和继母所生的弟弟"象"虐待他,但禹胸怀宽大,并不计较,因此感动了上天。于是天神就派了大象和鸟儿帮他劳作,把荒山开垦成良田。如今,"象耕鸟耘"这个成语就是用来形容民风淳朴,有舜禹时代的遗风。在古代,大象不仅能帮人耕作,还可以用来征战。《吕氏春秋》中就记载过"商人服象"的故事。由此可见,祖先们驯服大象,恐怕还远在驯服牛马之前呢。由此可见,大象这个"好帮手",在商周时就是非常受人喜爱的动物。

由于气候变化,大象陆续南迁,在秦汉的时候,中原地区的象就变得异常稀少和珍贵,只有皇室贵族才能欣赏和豢养。"曹冲称象"是大家都听过的故事,故事里的大象便是孙权千里迢迢送来的。曹操十分喜爱这头大象,于是带领文武百官前去观看。虽然聪明的曹冲才是这个故事的主角,但从侧面反映出当时大象的珍贵。而今天我们常说的"想象"这个词语,它的来源也和大象有关。古籍《韩非子》中说,因为人们很少能见到活象,偶然得到死象的骨骼,就根据它来猜测生象的模样。正因为当时的大象难得一见,人们才会根据大象的骨头来猜想它的模样,进而衍生出"想象"这个词语。

大象憨态可掬、力大无穷却诚实忠厚,一对大耳朵忽闪忽闪,模样本就十分惹人喜爱,再加上"象"与"祥"字谐音,就更添了许多吉祥的寓意。人们将大象形象与其他形象搭配,构成了形式丰富的吉祥图案。比如:

太平有象——大象背驮一个宝瓶的纹图,寓意天下太平、五谷丰登、人民安乐。

吉祥如意——手持一柄如意的儿童骑着一头大象的纹图。

万象更新——大象背驮一盆枝繁叶茂的万年青的纹图,象征欣欣向荣,一切都有了新气象。

此外,大象形状的物件也是古人家中常见的摆设。古人建房很讲究地理位置,普遍认为依山傍水的地方最适合居住。而大象体形庞大,一双象腿敦实有力,稳固如山,而大象的鼻子又善于吸水,于是,如果把大象形状的物件摆放在家中,家里就既有"山"也有"水",恰好迎合了古人的喜好,所以古建筑中也常常会有大象造型的雕塑、屏风等,让人感觉既靠"山"又聚"水",很有安全感。

虽然今天,在我国大部分地区已经很难见到野生的象群,但在我国西南地区,少数民族的人们与大象的关系依然非常密切。云南西双版纳是大象的天堂，当地傣族百姓崇拜大象，家家都把它作为吉祥的神物加以供奉。而白象又是佛教普贤菩萨的坐骑，因而大象也受到了佛教徒的礼遇。

  从中原到边疆，从远古时期农耕的好帮手到现今受人欢迎的吉祥物，大象始终陪伴着这片土地上的人们，并为我们带来平安吉祥的福气。

"蝠"来"鹊"跃

> 喜鹊声喈喈，俗云报喜鸣。
> ——康熙《喜鹊》
> 帘断萤火入，窗明蝙蝠飞。
> ——元稹《景中秋》

喜鹊、蝙蝠这两种飞禽在人们的生活中随处可见，在建筑装潢、家居装饰和服饰的点缀上也常能见到它们的身影。喜鹊报喜，蝙蝠翻飞，它们看似普通，却承载着寻常百姓家对生活的期盼。

喜鹊是民间公认的吉祥鸟，人们认为它的出现往往伴随着喜事到来，而当喜鹊站在梅花枝头，便被人们说成是"喜上眉（梅）梢"，尤其喜庆。蝙蝠也是瑞兽的一种，由于名称与"福"字谐音，因而自明清以来，上至皇帝，下至平民百姓，无不引"蝠"入室、招"蝠"上身，通过这样的方式来为自己祈福纳祥。

喜鹊是中国人熟悉的老朋友，它活泼跳动的身姿、清丽响亮的鸣叫，为中国人的生活带来了不一样的灵动色彩。传说中喜鹊是报喜鸟，每当它一到来，必有喜事紧随其后。因此在春节、婚庆

等喜庆场合，人们都用带有喜鹊的装饰品来渲染节日的气氛。而与喜鹊相关的这样几种组合图案，大家肯定不会陌生：

喜上眉梢——喜鹊落在梅枝上的纹图。梅花是报春的使者，开于百花之先，喜鹊立于梅树梢头，表示喜上眉（梅）梢、喜报春先，预示着喜事很快就要发生。

双喜临门——两只喜鹊一并飞入家中的纹图，寓意好事成双。

喜在眼前——喜鹊衔着铜钱的纹图，钱与"前"同音，表示喜事就在眼前。

欢天喜地——一只獾和一只鹊在树上树下对望的纹图，谐音欢（獾）天喜地。

此外,由很多只喜鹊搭起的"鹊桥"也是爱情的象征,频繁出现在婚庆场合。这来源于民间关于七夕节的传说,相传,每年的七夕,人间所有的喜鹊会飞到天上去,在银河上搭起一条鹊桥,让分离了一年的牛郎和织女在此相会。

喜鹊是喜阳不喜阴湿的鸟类,因此总在晴天时鸣叫。而且喜鹊能感知风力,风力较大的年份,它会在较低的树杈上做巢。而每当有人登门来访,家门口的喜鹊鸟就会开始鸣叫,主人便知道有客人来了。正是因为这些特性,早在先秦时期,人们就认为喜鹊有未卜先知、感应未来的神奇本领,把它称为"神鸟"或"喜鸟"。

由鹊而联想到喜事,也是顺其自然的事情。在我国的传统观念中,"喜"有方方面面的表现。古人所做的"四喜诗"道破了人生四大喜:"久旱逢甘雨,他乡遇故知,洞房花烛夜,金榜题名时。"但除此之外,合家平安、亲朋来访等让人高兴的事,也通通可以算作喜事。

喜鹊能"荣升"吉祥物,源自它灵动的身姿、动人的歌喉,以及知阴晴、知风力的本领。那样貌丑陋的蝙蝠为什么也能成为中国人的吉祥物呢?原来,它的"上榜"理由,是因为它的名字中有与"福"字谐音的"蝠"字。

蝙蝠文化最繁荣的时期是在明清两代，人们的衣食住行都打上了蝙蝠的烙印。建筑、雕刻、绘画、器具等，无不引"蝠"上身。而聪明的古人以蝙蝠的"福"寓意为基础，充分发挥想象力，也创造出许多灵活多变的吉祥图案，比如：

五福临门——五只蝙蝠在一起的图案，寓意"五福临门"（五福即：福、禄、寿、财、喜）。

洪福齐天——红色蝙蝠的图案，寓意洪（红）福齐天。

福增贵子——蝙蝠与桂花组合的图案。

平安五福——童子拿花瓶捕捉空中的五只蝙蝠的图案。

马上有福——蝙蝠与马组成的图案，寓意福气马上就要到来。

今天我们知道，喜鹊和蝙蝠其实并没有给人间添福添喜的本事，但它们确实能给人们带来积极的心理暗示，这其实也是福气的一种。而古人将对生活的愿望寄托在喜鹊、蝙蝠之类的动物身上，再经过夸张和想象，慢慢地它们便成为吉祥的符号，至今仍丰富着我们的生活。

年年有鱼

眼似真珠鳞似金，时时动浪出还沈。
河中得上龙门去，不叹江湖岁月深。

——章孝标《鲤鱼》

这是一首写鲤鱼的古诗，在古代士子的眼中，鲤鱼是美好仕途的象征。传说中，黄河鲤鱼只要跳过龙门峡谷，就会化成天上的飞龙。于是，"鲤跃龙门"就常常用来比喻升官晋职之类的大喜事，也被用来比喻逆流而上、奋发图强的精神。此外，鱼承载的吉祥寓意还有很多呢。

在中国人的吉祥文化中，鱼的吉祥寓意从内容到形式都极为丰富。因为鱼和"余"谐音，所以人们经常用鱼来表达"年年有余"的心愿。因为鱼的繁殖能力强，迎合了中国传统多子多福的理想。此外，鱼还有前程似锦、爱情美满等众多美好的寓意。

金鱼有"金鳞仙子""水中牡丹"之称，在我国的民俗文化中，鱼频频作为吉祥物出现在各种器物中，尤其是金光发亮的锦鲤，更是被我们的祖先赋予了十分特殊的意蕴。

下图是半坡遗址出土的一件鱼纹彩陶，盆壁上用简单线条勾勒出鱼形图案。虽然用现代的审美看，鱼的形象并不是很美观生动，却反映出在很久很久以前，我们的祖先就已经开始用鱼来装饰自己的生活了。

远古时代的部落大多选择临水而居，因为有丰沛的水资源和鱼类可供食用。而且鱼的繁殖能力强，人们也希望像鱼一样多子多孙。食物和人口，这在原始社会直接关系着种族的生死存亡，因此对于鱼的崇拜，自远古开始就一直延续着。甚至中华民族的图腾"龙"，也被我们的祖先"设计"成周身长满鱼鳞、能够上天也能潜水的神兽。

鲤鱼是鱼家族中的明星成员，鲤鱼因同时与"利"字和"余"字谐音，所以常被用来象征富贵有余。唐朝时，因为皇家姓氏"李"与"鲤"同音，鲤鱼因此成为皇家的象征。朝廷规定，百姓不能随意捕捞鲤鱼，更不能吃鲤鱼。于是，鲤鱼成为名副其实的"富贵鱼"。皇帝有时会赐

给大臣"鱼符""鱼佩"之类的物品,这是一种鱼形的符契,是身份的象征,可用于调配军队、任免官员等。

从古至今,鱼在人们的生活中都有着各种各样的寓意。比如每年除夕夜吃年夜饭的时候,家家户户的餐桌上都要有鱼,这是为讨一个"年年有余"的口彩,希望家里年年都能攒到积蓄。此外,鱼还能表达思念之情。相传古代曾有人将写着信的绢帛装在鱼肚子里来传递信息,因此书信也被称作"鱼素""鱼笺"。汉乐府《饮马长城窟行》中有这样

几句诗:"客从远方来,遗我双鲤鱼。呼儿烹鲤鱼,中有尺素书。"生动记录了一位妇人收到远方丈夫来信的激动心情,催人泪下。信中都记录了什么呢?"上言加餐饭,下言长相忆",丈夫让妻子多吃点儿以保重身体,还要记得常常想念他,表达了前人既朴素又炙热的情感。

值得一提的是,钓鱼也是中国人一直喜爱的娱乐活动之一,也常被人们借以表达对自由的追求。在"孤舟蓑笠翁,独钓寒江雪""姜太公钓鱼"等诗词或故事中,主人公都是作为渔翁形象出现的,象征着不随俗流、来去自由的品格。

几千年来,中国人和鱼的渊源数也数不尽、说也说不完。直到现在,在公司乔迁、酒店开张等喜庆场合,人们依然会在大厅内摆上一缸锦鲤,锦鲤在水中自在游动,金黄色的鱼肚又圆又鼓,仿佛装满了金银财宝。在令人赏心悦目的同时,也表达出"进利(锦鲤)""金玉(鱼)满堂"等吉庆的意义。此外,生活中还有很多鱼趣和鱼乐,等待细心的你去发现!

第三章　锦上添花

- 瑞彩祥云纹
- 吉祥八宝纹
- 回纹不断头
- 团花锦簇纹
- 五彩瓜果纹
- 富贵花卉纹
- 百子迎福纹

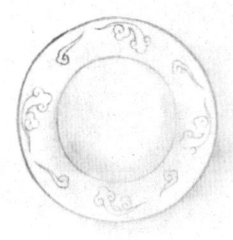

瑞彩祥云纹

千乘载花红一色，人间遥指是祥云。
——陈与义《法驾导引》

夕阳西下，天上的云被烧得赤红一片，在人们的眼中，那红云中蕴藏着一派祥瑞之气。古往今来，祥云一直受到中国人的喜爱。还记得2008年北京奥运会上的"祥云"火炬吗？它一出现，便引得举世瞩目。火炬上那一朵朵优雅的云彩，配以传统的漆红底色，显得既美丽又喜庆。那你有没有想过，为何"祥云"图案能获此殊荣，在北京奥运会上频频"露脸"呢？

祥云是指吉祥的云彩，象征"渊源共生，和谐共融"。它起源于中华远古的祖先们对天空上美丽的云朵的赞美和崇拜。祥云纹造型婉转优美、简洁生动，传达着中国人宽容豁达的人文精神和喜庆祥和的美好祝愿。

祥云纹起源于古人对于天上云彩的敬畏,在科技不发达的古代社会,"靠天吃饭"的祖先们创造出各种仪式,祈求风调雨顺、粮食丰收。而云能化成雨来滋润万物,因此在几千年前的殷商时期就有关于祭云习俗的记载。而云在不同天气条件下还会变化出丰富多彩的形状与颜色,显得神奇超凡,因此云还被人们想象成天上神仙的坐骑,令人神往。

古往今来,人们都认为天上彩色的云朵是天神的造物,是吉祥的征兆,因此便称它为祥云。此外,"云"字又与"运"字谐音,祥云代表着吉祥的福运,首尾相连、延绵不绝的祥云纹饰,象征着连绵不断的吉祥好运。可以说,祥云纹上不仅包含了云的自然属性,更集中了中国人对生活的美好想象,所以,它虽历经了千年岁月,却依旧生机勃勃。

祥云纹是我国最古老的装饰图案之一,起源于商周时期,而在随后的历朝历代中逐渐发展变化,贯穿了整

个中国古代装饰艺术。殷商时期，出于对天象的崇拜，先人们把云刻在器物上加以膜拜，这便是云纹最早的雏形了。甲骨文的云字，下部有个弯弯的旋涡，也像极了今天的云纹。此后每个时代的云纹样貌，也都分别印上了不同朝代的烙印。比如，秦汉时期云纹的造型开阔舒展，显现出非凡的气象，常被用来装饰帝王的宫殿。而魏晋南北朝的云纹则飘逸风流，在当时佛寺等建筑的壁画中屡见不鲜。而自隋唐开始出现了朵状的云纹，丰满的大朵云彩纹饰也和当时的流行审美观念一致，百姓家用的盆盆罐罐，很多也都刻有这种丰满流畅的祥云纹，一派盛世之风。到了宋元时期，云纹更是被广泛地应用于建筑、家具等器物的装饰上，并且与如意、灵芝等结合，创造出丰富多彩的图案。而到了明清时代，云纹变得更加繁复，层层叠叠的团云纹在瓷器、皇帝的龙袍上屡见不鲜。

作为中华纹饰里的"大明星"，祥云纹的人气和"曝光率"一直居高不下。家具、服饰、建筑、器物……在生活中方方面面都能见到它的身影。祥云纹不仅常被单独使用，还经常与其他吉祥元素结合，表现更丰富的意境和内涵。比如与灵芝、如意结合，取"吉祥如意"的意蕴；与龙、凤组合，构成龙腾祥云的吉祥画面；用五彩丝线绣制祥云，寓意着五谷丰登；等等。

而到了现代，寓意祥瑞之气的祥云纹，更是带着几千年来不断丰富的意象，作为最常见也最独特的中国符号，在当代生活中不断焕发新的生命力，展现出传统又现代、古典又时尚的特色。

吉祥八宝纹

> 八仙过海，各显神通。
>
> ——成语

这个成语说的是民间传说中道教的八个仙人，他们分别是汉钟离、张果老、吕洞宾、铁拐李、韩湘子、蓝采和、何仙姑和曹国舅。"八"是中国人的吉祥数字，"八"更是汉语中"出镜率"极高的语词。"八面玲珑"形容人机灵聪明，善于社交；"八抬大轿"是说婚嫁时候的气派场面，坐在里面的新娘风光无限；"才高八斗"比喻人学识渊博；"八方支援"表示大家都来帮忙，伸出援手；等等。

八宝就是指八种宝物，在民间、佛教、道教中都有八宝，相互间也会交叉、影响，是广受人们喜爱的吉祥组合。八宝纹是民众综合表达吉祥愿望的宝物组合，可以说是人们许许多多吉祥心愿的统一体现，八宝也就成为集大成性质的吉祥物了。

佛教里还有"八吉祥"（又称"八宝"）八件法器，象征海纳八方之吉，汇聚八面之宝，八宝纹就是源于此。

八宝纹是中国传统吉祥纹饰。佛教八宝指的是藏传佛教中的八件法器：法螺、法轮、宝伞、白盖、莲花、宝瓶、金鱼和吉祥结（盘长）。八种法物的组合图案，有"八宝生辉、吉祥如意"的寓意。

这八件法器中的每一件在佛教中都有着深刻的含义。例如海螺，传说佛祖释迦牟尼说法时，声震四方，像极了海螺的声音。因此直到今天，在一些重大的法会场合，还会有鸣吹海螺的仪式，象征着佛音缭绕、回荡不息。又比如莲花，因为它出淤泥而不染的植物特性被佛教加以夸大，从而成了内心清净、超脱红尘的象征。此外，法轮象征佛法像轮子一样生生不息，表示着超脱烦恼，修得正果；宝伞代表庇护众生，保佑平安；金鱼代表自由自在，富裕祥和；宝瓶表示福智圆满，是取得成功的象征；吉祥结则代表着团结祥和，永不穷尽，是长命百岁的象征。可见，佛门八宝不仅象征着佛教威力，其实也囊括了每个世俗凡人心底最虔诚的吉祥祝愿。

八宝纹起初流行于藏传佛教地区，从元朝开始传入内地，明清两代十分流行，成为工艺美术中风格独立、具有典型民族特色的吉祥纹饰。虽然藏传佛教信徒多为少数民族同胞，但是八宝纹却在中原汉人社会中广为流传，深受各个阶层、各个民族人们的喜爱。

由于元代统治者对佛教的大力推崇，八宝纹在元朝时风靡全国，在元代青花瓷器上频频"露脸"。比较典型的图案是八宝用莲花枝叶相连接，团团围成一个圆，构成了一个紧实的整体图案。而八宝纹与白底蓝青花的元代青花瓷相匹配，显得富丽雄浑，纹饰虽层次繁多，却不杂乱，流传到现在的元代青花瓷，件件都是国宝级的文物。

明清时期，八宝纹又融入满族元素，焕发出新的活力。用八宝纹装饰的瓷器就更常见了。特别是清朝康乾盛世时期，八宝纹在粉彩瓷器上大放异彩，其色泽均匀细腻，造型精美绝伦。工匠们还借鉴西洋油画的画法，增添了它的立体感，更将

八宝纹推向艺术高峰。除了八宝纹自身，八宝还经常与仙鹤、牡丹等构成组合图案，衍生出更为丰富的吉祥寓意。

除了佛教"吉祥八宝"外，道教八仙也是生活中常见的吉祥元素。铁拐李、汉钟离、张果老、何仙姑、蓝采和、吕洞宾、韩湘子和曹国舅八位仙人，分别代表男、女、老、少、富、贵、贫、贱。这八位仙人在民间深受人们的喜爱，而他们手中所拿的宝物，自然也是人间没有的宝贝，因此传统纹饰里还有另一个"八宝纹"，就是由宝扇、宝剑、渔鼓、玉板、葫芦、紫箫、花篮、荷花这八件道教宝物构成的图案，又称为"暗八仙"。道教的"八宝纹"常常出现于刺绣、绘画、家具等民间工艺中。

民间还有"杂八宝"的说法，纳入"杂八宝"中的物品没有严格的标准，但都是些名贵的物品，常见的有：宝珠、古钱、玉磬、鼓板、犀角、灵芝、珊瑚、银锭、方胜、菱镜、艾叶、松、鹤等。

可以说，八宝纹是中国各个民族文化融合的结晶。它早已突破了单纯的宗教意义，而成为中国吉祥文化的重要组成部分，是各民族大融合的见证，更是被全世界认可的美丽的中国元素。由于信仰、民族、环境、追求的不同，八宝的内容也有所不同。但它们均带有吉祥之意，用于祝寿、乔迁、婚庆等喜庆场合，也都象征着对美好生活的向往与祈愿。

回纹不断头

> 乌鹊夜南飞，良人行未归。
> 池水浮明月，寒风送捣衣。
> 愿织回文锦，因君寄武威。
>
> ——萧绎《寒闺诗》

这首诗描写女子思念丈夫，在家中织布想要裁制新衣送给丈夫的场景。其中女子所织的回文锦，上面有中国传统装饰中常用的一种图案。这种图案状似回纹，常见于窗格、织物、建筑与器皿当中。

> 回纹是中国最古老的几种传统纹饰之一，因其形状如同汉字"回"字而得名。回纹有最简洁清晰的形式，看起来典雅规整，同时却也方圆兼具，变化多端。回纹一线到底，回环往复，延绵不绝，被人们赋予了"富贵不断头"的俗称，寓意吉祥永昌、长命百岁。而"回文锦"则是古代富贵人家常见常用的布料，寓意福寿绵连。

左图的中式家具的四角装饰有传统回纹,回纹在中式传统建筑、家具、木雕、器具等装饰上到处可见。而右图墙壁上则是希腊的回纹,是古希腊最重要的标志之一,象征永恒与循环。希腊回纹同样拥有数千年的历史,对欧洲建筑装饰产生过深远的

影响。而在遥远的远古时代,东西两国天各一方,而它们各自的文明中为什么会出现如此巧合的纹饰图案呢?

原来,早在四千多年前的仰韶文化时期,我们的祖先就用回纹来装饰陶器了。在中国古代,"回"字的字形源于水在流动时产生的旋涡,而甲骨文和篆书中的"回"字,就像极了河水回旋翻腾的样子。水对人类太重要了,祖先们临水而居,把对水的崇拜表达在对器物的装饰上,于是就出现了回纹。与之相类似,古希腊回纹的希腊语本名也是源自古希腊的一条河流。这就更加验证了,东西两方回纹的灵感皆是来源于河流。

商朝是回纹大规模兴盛的时代，如今我们能在许多青铜器文物上见到环器物一周的回纹纹饰。典雅的回纹符号将青铜器衬托得异常庄严，很符合当时的主流审美观念。后来，随着人们愈发着迷于新技术和新材料的发明与发现，回纹伴随着青铜器淡出了人们的视野。到了唐代，物质的极大丰盈也体现在装饰风格上，色彩艳丽的花花草草开始成为主角，回纹成了其中的辅助纹样。而到宋代，社会自上而下的审美观念都回归到简约复古的情趣上来，回纹则再次以它朴素古拙、节制有序之美赢得了宋人的喜爱。这种审美在明清时继续传承和发扬，使得回纹开始被广泛应用于社会生活的方方面面。

回纹的造型其实并不仅限于"回"字形，而是随着朝代变迁有着非常丰富的变化：有一正一反相连成对的，有连续不断带状形的，有一笔连环型，还有简化笔画重新组合的，非常灵活。由于这种图案整齐划一而且绵延丰富，后世便赋予它深远绵长的意义。回环往复的横竖转折中，折射出中国人善于思辨、沉稳低调的理性魅力。

回纹的用处非常广泛，它几乎是万能纹饰。在陶瓷、青铜器、家具、木雕、建筑、服饰等艺术中常被作为花边，在织锦纹样中，也有把回纹以二方连续或者四方连续的方式组合而成的纹样，俗称"回回锦"。人们也爱在寿礼上使用回纹，取福寿长远的寓意。而在嫁衣等婚庆题材的饰品中，回纹更是被广泛运用，取其"连绵不断、吉利深长、子孙万代、富贵不断头"的美好寓意。

如今，在首饰、衣服、室内装潢等领域，回纹以其浓厚的中国传统特色、丰富的文化内涵、简约的表现形式而受到国内外设计师的青睐。虽然新兴科技取代了很多中国传统的工艺手段，但是民族传统文化的设计理念并没有发生根本的变化，设计师们匠心独运地把古老的回纹元素应用于时尚的物品之中，创造出许多既有现代感又不失传统韵味的作品，

使回纹在千年之后，依然装点着人们的生活。

无论是"富贵不断头""福寿绵连"的朴素心愿，还是庄重理性、简约典雅的审美追求，回纹都能将中国人的美好情思囊括在它方寸间的横竖转折中。或许，这就是回纹能够生生不息、代代相传的原因所在。

团花锦簇纹

> 莫思身外，且斗樽前，
> 愿花长好，人长健，月长圆。
>
> ——晁端礼《行香子·别恨》

这句词表达了中国人对花好月圆人团圆的向往。词人借花常开、月常圆来寄托中国人对团圆的渴望。无论时代如何发展，中国人对团圆的向往却是始终如一的，而人们把对团圆的渴望体现在装饰艺术中，就出现了圆形对称的团花图案。

团花纹是一种泛称，它的形状大体为圆形，而"花"也不单是指某一种植物的花朵，而多是由许多花卉、瓜果、叶草、动物、几何图形等呈放射状或者旋转式拼合而成的组合纹样。其中，凡是呈圆形的纹饰就被统称为"团花"，常见的有团龙、团凤、团寿字、团双喜、团花蝶等。

左图中这样的剪纸图案你一定不陌生，正方形彩纸经过几次对折，在扇形折面上随心所欲地剪裁出自己喜欢的图案，再小心翼翼地层层打开，便会呈现出丰富多彩的对称图案。团花纹在中国已经有一千多年的历史了。

"团花"这个名称很容易让人联想到阖家团圆、幸福美好等吉祥话。一个"团"字，代表着"团圆""团聚"和"团结"，是人们心中的向往。团花纹饰除了形状浑圆之外，还非常注重点、线、面的交杂，图案与色彩之间主次分明，规整中富有变化，散射中也有聚拢。粗看是花团锦簇、富丽堂皇，细看则每处细节都富有深意，密密匝匝的线条都被控制在有限的圆形空间内，浑然一体，体现了中国人追求和谐的审美意趣。

团花纹的起源悠久，在远古时代的彩陶和商周时期的甲骨上，都不乏与之相似的纹饰。这些花纹看似简单，却已经能够体现出千年前中国人的审美情趣。而秦汉时，匠人们在圆形瓦当上充分发挥创造力，装饰上各种动物或者篆书文字等，便形成了一种颇具观赏价值的

团花纹饰。

到了隋唐，团花图案开始变得空前的丰富，如花鸟、人物、文字，甚至还出现了产自西域的花花草草，这反映出唐代社会的开放与融合。而此时的团花形式上，也出现了与其密切相关的宝相花纹。宝相花纹是团花纹的一种变形，图案最中间是忍冬、莲花、牡丹、菊花等花卉的花蕊与层层叠叠的花瓣，而外围则镶嵌着放射状的各种花叶。因花纹繁复，有富贵宝气之相，因此被称为"宝相花"。宝相花纹是对现实中花卉的艺术化处理，因此一眼就能看出是什么花，比较写实。

到了明清时期，团花纹演变出了更多的特点，人们在团花题材上动心思，利用象征、谐音等手法将各种吉祥的意蕴融入团花纹中。比如"梅开五福"纹，中间的梅花造型寓意春天来临，而周围的五只蝙蝠则将梅花团团围住，寓意着新春的吉祥祝福。又比如官员官服胸前后背的团花补子，种类很多，有"岁寒三友""团鹤""团麒麟"等等，不同官位有不同的补子图案，用错了可就有了大麻烦。

团花纹寓意花开富贵，象征着高贵大方，在古代社会，团花图案在器具、服装、建筑等领域应用广泛。小到一枚铜钱、一张剪纸窗花，大到家具、影壁墙，团花纹一直受到国人的喜爱。而到了当代社会，团花纹依然无处不在。就连国家领导人，有时还会穿着带有团花纹图案的服装出席国际会议呢！千百年来，中国人对团圆的渴盼从来没有改变，而古老的团花纹，依然能在新时代继续焕发出新的生命力。

五彩瓜果纹

绵绵瓜瓞，民之初生，自土沮漆。

——《诗经·大雅·绵》

在古汉语里，"瓜"是指大瓜，"瓞"是指小瓜，"绵绵"就是延续不断的样子。整个句子的意思是在说，历史如同一根藤蔓上的瓜果一样岁岁相继、绵延滋生，周朝一族的发源地在沮水和漆水两条河流流域。后来，人们就用"瓜瓞绵绵"一词来祝颂子孙繁衍昌盛。

> 瓜果纹是一种典型的陶瓷器装饰纹样，以各种植物果实为主题。瓜果纹始见于唐代，以葡萄纹和石榴纹最为多见，瓜果纹中不只有大小不同的蔬果，有时工匠还在画面里添上儿童等图案，使得画面更加生动活泼。缠枝葡萄、婴戏葡萄、婴戏石榴等都是常见的瓜果纹，有着多子多孙的寓意。

左图中是一件清朝嘉庆年间烧制的粉彩瓜瓞绵绵纹罐,上面画有延绵不断的大瓜小瓜、蝴蝶和五彩缤纷的花朵,寓意着子孙昌盛、家族兴旺。人们称这种纹饰为"瓜瓞绵绵"纹。

瓜果纹最早出现于唐代,多用于装饰陶瓷器,常见的葡萄、石榴、枇杷等纹样,都源自人们常吃的果实。纹样内容多样,比如缠枝葡萄、婴戏石榴等图案,寓意吉祥,有的象征着多子多孙,有的则象征着年节丰收。从构图方式上,更是多种多样,有将累累果实铺满陶瓷器的,使得器物看起来富贵喜庆、明艳丰满;也有单挑一种水果点缀在器物侧面的,比如一串葡萄寓意多子多孙、一个寿桃代表健康长寿,或者是三两只翩翩起舞的蝴蝶等等,造型清雅别致,吉祥寓意亦清晰明了。还有些器物上呈现出疏松却均匀的布局,比如环绕瓷杯周围等距绘制上三只寿桃或者三个金橘,俗称"三果纹",而在古汉语里,"三"就有"多"的意思,三只水果正是代表瓜果丰收、果实累累的含义。

瓜果纹上究竟选用哪些果实,古人可是非常讲究的。下面这几种

都是瓜果纹中常见的吉祥瓜果，我们一起来看看它们的寓意吧！

葡萄：葡萄成串成串地挂在藤蔓上，看上去果实累累，用来比喻丰收或者人丁兴旺。

石榴：因为石榴多籽，而籽又同"子"同音，因此用来象征多子多孙、早得贵子。

柿子：柿谐音通"事"，表示事事如意。熟透的柿子有红彤彤的表皮，颜色也很讨喜，给人红红火火的温暖感觉。

荔枝："荔"谐音"利"，有吉利、顺利的含义。此外，在清代，科举考试中最优秀的考生是在乡试、省试、殿试中都能夺冠的人，这三场考试的第一名分别叫解元、会元和状元。因此，人们用荔枝、桂圆和核桃这三种圆溜溜的果实组合成吉祥图案，表示"连中三元"，这是古代每一个读书人的梦想。

葫芦：在神话和道教传说里，葫芦一直与神仙和英雄为伴，是盛着神丹妙药的容器，故俗称"宝葫芦"。而葫芦又与"福""禄"谐音，人们

借它表达福禄双全的祝愿。另外,葫芦腹中多籽,也常用来象征子孙繁多。

桃子:神话中,天上的仙桃树三千年开一次花,三千年结一次果,仙桃三千年才成熟,吃了可以长生不老,故称为"仙桃"。因此,桃子是象征长寿的吉祥果。

可见,瓜果纹的吉祥寓意,大多源自谐音字或水果自身的外形特征,以及古老的神话传说。它取材于人们生活中最熟悉的食物,表达的都是老百姓们对生活最平凡的愿望。

富贵花卉纹

乱花渐欲迷人眼,浅草才能没马蹄。

——白居易《钱塘湖春行》

这句诗描绘的是春天西湖边花草繁盛、生机勃勃的景象,花花草草是风景中的主角,也是人们于一年四季中最常见到、也最难以忽略的风景。可以想象,如果没有缤纷多彩的花草,人们的生活也会减少许多的色彩。

花卉纹是以各类花卉为主题的纹样,中国人自古以来就很喜欢花卉,也常使用各种花卉造型来装饰各种器物。据说,就连我们华夏民族的命名,也与花有关。"华"字在古代就是"花"字,是由一朵盛开花朵的原始象形字演变而来的。我们熟悉的"锦上添花""如花似玉""花好月圆"等等吉祥语词,也都被用来形容美好的事物。

在中国的土地上，一年四季都有着数不尽的奇花异草。而中华民族又是农耕民族，跟自然的紧密联系使得人们十分关注植物的特征。花草陪人喜、陪人忧，是相伴古人左右的美丽风景。人们热爱花草，也常常将各种感情和意蕴转移到花草树木之上，赋予它们各种象征意味，从而形成了丰富多彩的草木文化。但是花朵虽美，花期却很短暂，开不了多久就会凋谢。如何能将美丽永久地保存住呢？古人想了一个办法，将花草变成纹饰，绘于瓷器上、刻进家具中、绣在绸缎上……从而形成丰富多彩的花草吉祥纹饰。

牡丹被誉为"花中之王"，享有"国色天香"的盛誉。唐宋时期人们推崇它为富贵花，视它为繁荣昌盛、永享荣华的象征。牡丹纹常被用在花瓶、瓷盘、屏风、茶具等用具上，使器物显得雍容华贵，且因牡丹花瓣繁复，所以绘制好它的层次和形态，需要非常高超的技艺。

梅树能于老枝处发新芽，又能傲雪开花，是花中的寿星，梅纹常用来象征长寿。梅花有五瓣，暗合福禄寿喜财"五福"。梅还与松、竹同称"岁寒三友"，用来表现君子高洁坚贞的品格。在瓶身、扇面、瓷碗、陶罐等物品上，随处可见。

海棠有"花中神仙"的美称，古人常用它来形容君子或才貌双全的女子。因"棠"与"堂"同音，故常被用来与玉兰（雨）、牡丹组成玉堂富贵、金玉满堂的吉祥图案。

莲是百花中唯一花朵、果实（藕）、种子（莲子）并存的花卉，被看作是多子多孙的象征，常被用来装饰新娘的衣物、小儿满月时的被褥等，民间有"鱼戏莲""鸳鸯穿莲""坐莲娃娃"的剪纸，寓意家族繁衍不息。一根莲梗上生出两朵花的图案，叫并蒂莲，比喻夫妻同心同德，恩爱甜蜜。

桂花有浓郁的香气和金黄的颜色，是富贵吉庆的象征，古人用"折桂"比喻科举高中。桂花的名字又与"贵"同音，常与莲花组合成"连生贵子"的图案，与兰花组合成"兰桂齐芳"的图案，表达人们希望家中子弟个个成才、前程锦绣的祝愿。

桃的浑身都是宝。传说桃枝能辟邪，最早的春联就是写在桃木上的，正所谓"新桃换旧符"，古人的庭院中也广栽桃树，以求镇宅保太平。桃花被用来比喻面容姣好的女子，"人面桃花相映红"，面如桃花的女子总能挑动男子的心，因此，桃花也用来比喻爱情。直到今天，我们还用"桃花运"形容爱情运势。此外，桃子还被誉为长寿果，用来表示长寿的主题。

　　灵芝是公认的"仙草"，它寄生在枯木之上，蕴含了朽木逢春的长寿寓意。灵芝的菌盖长有云状花纹，被称为"庆云"，被古人认为是天赐祥云，大吉大利。将灵芝纹雕刻于家具上，是常见的装饰用法，表达人们希望能长寿健康的心愿。

　　缠枝纹不是单一的一种植物，构成缠枝纹的花草是金银花、紫藤、爬墙虎、常青藤等藤蔓植物。藤蔓植物枝干细软婀娜、变化万千，却又绵延不绝，春天里能够老藤结新芽，象征家族生生不息、千秋万代。缠枝纹常常作为桌腿、床角、门楣等边框的装饰纹样，虽不如大朵鲜花醒目，但应用却极为广泛。

百子迎福纹

百子图开翠屏底,戏弄哑哑未生齿。

——杨维桢《六宫戏婴图》

百子图喜庆、祥和,是中国传统的吉祥纹饰之一。这里"百"是虚数,指图中有很多个孩子,并非真的只有一百个。在过年时,人们就用孩童嬉戏玩耍的场面来烘托过节的热闹气氛,表达多子多福、人丁兴旺的心愿。

百子图,历来是中国最主要的吉祥画题材之一,意喻多子多福。这个图案在版画、家具、珍玩、服饰、雕刻、剪纸、泥塑等工艺品中屡见不鲜,是上至皇室下至百姓都喜爱的吉祥纹饰。

上面是两件绘有《百子图》的瓷器，上左图生动描绘了孩子们嬉戏游玩的场面。春意盎然的院子里，孩子们舞龙、下棋、弹琴、放爆竹、捉迷藏，千姿百态、活泼可爱，整个画面杂而不乱。在一个瓷盘内绘制如此多的孩子们，而他们的衣着样貌、神态举止都不一样，这非常考验绘画者的功力。为了突出孩子的天真模样，画师还特意加大了头部占身体的比例，使得孩子们看起来虎头虎脑、生机勃勃。

除《百子图》外，在民间纹饰中，还有很多与人物有关的吉祥图案。他们或是历史上真实存在的英雄人物、

文人墨客，或是传说中乐于助人的神仙，或者是文学中的人物，又或者只是寻常百姓，都能表达人们内心的吉祥美满祝福。常见的内容有：

渔樵耕读——《渔家乐图》与《耕读图》分别描绘的是渔夫们或农夫们劳动与生活的情景。画中人物有的泛舟垂钓、有的饮酒庆丰收、有的准备晚饭，有的忙于织布，也有人悠闲自在地行走在岸边。画面弥漫着恬淡自在的生活情趣，表达出人们对安居乐业的向往和追求。《渔樵耕读图》多见于瓷器上，其风格明快清新、朴实自然。

五子登科图——这类图的题材取自《三字经》中记载的历史故事:"窦燕山,有义方,教五子,名俱扬。"意思是,后周时期有个窦禹钧,才学出众,治家严谨,教子有方。他的五个儿子都很有出息,先后考中进士。古时,拿到第一名叫"夺魁",因此这幅图也被称为《五子夺魁》。画面中小儿手持盔帽,互相抢夺玩耍,"盔"与"魁"谐音,人们用它来祈求儿孙科举高中、出人头地。

天女散花图——在此类题材的画面中,腾云驾雾的仙女们提着花篮向人间抛洒鲜花,寓意着春满人间。常作为花瓶瓶身的装饰,置于厅堂之上,即使寒冬腊月,看到满瓶的鲜花,人们也会觉得暖意融融,多了些温馨浪漫的气氛。

三星高照图——在此类题材的画面中有三位长者,分别是道教中掌管人间福禄寿的三位神仙。其中,福星手拿"福"字,禄星手捧金元宝,寿星手持龙头拐杖和仙桃。画面中一般还装饰有蝙蝠、仙鹤、梅花、松树等，取这些动植物的谐音或寓意表达福禄寿的含义。古代家家户户都会悬挂或供奉三星，以求"福如东海，寿比南山"，这是中国吉祥文化十分具体的表现。

第四章 三星高照

- 福倒 万家
- 禄星高照
- 万寿无疆
- 双喜临门
- 招财进宝
- 一团和气
- 万事大吉

福"倒"万家

衣禄全，一口田。

——俗语

许多人认识"福"字，都是从这句俗语开始的："福字"由"衣"字旁和右边"一""口""田"四个部分组成，俗称"衣禄全，一口田"。这句俗语高度概括了百姓们对"福"的认识，有衣服穿，有一片能养家糊口的农田，春种秋收，能吃饱能穿暖，就算是一个有福之人了。

在古代，"福"与"祸"相对，指的是一切顺利而幸运。我们的祖先将"福"的含义共细分为五层，分别是：长寿、富裕、安康、德行良好和老年寿终正寝。可见，福的定义不仅仅是表面上吃饱穿暖这么简单，也有更多层面的要求。

过年贴福字，是从宋朝就有的民俗，在神话里说，有福字的地方穷神进不来，因此家家户户都贴上福字，把穷神拒之门外。而福字倒着贴，这也是咱们中国的传统，贴倒福，取意"福到（倒）了"。对于最早是谁先将福字倒着贴的，可就是众口不一了。有人说是个不识字的仆人，无意将福字贴倒了，惹得主人大怒，为讨主人的欢心，赶紧改口说："福到（倒）了，福到了，这是吉兆啊！"这才免于处罚。后来，越来越多的人家效仿此举，这个习俗就流传开来。

我们的祖先为了表达对"福"的向往和追求，留下了大量的艺术作品、民俗，构成了内容浩瀚的福文化。在书法上，首屈一指的就是康熙的"福"字墨宝。

右边这幅字是清代康熙皇帝为祖母孝庄皇太后而写的寿礼。人们常把"福寿"二字连在一起，但这两个字虽然都为人所爱，但由于字形差距太大，之前从未有过将两个字合写成一体的先例。而康熙以不凡的才华与想象力将福字右半边写成寿字的模样，一气呵成写成了这一幅带有"福寿"的福，其中，他还把"寿"字写得既长又瘦，谐音"长寿"，整幅字包含着"福中有寿""福寿双全"的意蕴，

被人们称为"天下第一福"。此外,这幅字的各个部分拆开来看,还构成"多子、多才、多财、多田、多寿、多福"五个词语,是独一无二的六个福合一的"福"。直到如今很多人到北京游玩,有机会的话也还会去摸一摸这个"福"字,希望能够沾染些这"天下第一福"的福气。

上面这幅年画上的老人,身穿大红一品大员官服,腰系玉带,手持如意,面上五绺长须,一副慈眉善目之相,他就是受老百姓敬仰的神仙之一——"福星"。传说中,他掌管着人间的福气和运气,职责范围涵盖了长寿、富贵、平安、吉祥、子孙众多等世俗福祉,是人人喜爱的神仙。"福星高照"就是说一个人有"福星"的庇佑,非常幸运,有享不尽的福气,这句话常被作为吉祥语挂在人们嘴边。在公司里,领导赏识某位员工，会夸他是一员"福将"，意思是夸他常常能够化险为夷，帮助公司渡过难关，是大功臣。

剪纸的"福"字在生活中也很常见，除了能剪出单一的福字，人们还能将"福"字精描细刻成寿星、寿桃、鲤鱼跳龙门、五谷丰登、龙凤呈祥等各种图案。比较典型的是"五福捧寿"的图案，五只蝙蝠将一个寿桃团团围住，蝠与"福"谐音，代表着福气，而桃子又是象征长寿的水果，整个图案的含义便是福寿双全，非常讨人喜爱。

除了剪纸的"福"字，与"福"字有关的刺绣作品也很多。人们的衣服、被褥上经常会绣有各种各样的福字，就连鞋垫、手绢等小东西上也频见"福"字。姑娘们还会绣出结实又好看的福袋送给亲友，让他们随身携带，不仅美观实用，也代表了自己的心意。而在众多泥塑作品中，有一个怀抱麒麟团坐的儿童形象非常受人喜爱。它叫作"大阿福"，是避灾驱邪的民间吉祥物。

在民间，关于福的吉祥话数不胜数。北方人称酒瓶里的最后一口酒是"福根儿"，要敬给席间最德高望重的人；面相里也有"福相"的说法，不过对于"福相"的理解，就见仁见智了；家庭成员的集体照被称

为"全家福";老人退休坐享天伦之乐被称为"享清福";吃得丰盛而营养被称为"有口福";妻子长得眉目清秀会被人戏称"有艳福";看到精彩绝伦的场景,人总要惊叹一句"大饱眼福";就连长胖了都可以委婉地称之为"发福"……

关于"福"字,今天我们还能听到各种各样的成语或俗语。"塞翁失马焉知非福"这个成语大家都耳熟能详,它告诉世人,福祸有时能够相互转化,因祸得福或者因福得祸都是人生的常态。此外,中国民间还流传着"吃亏是福""身在福中要知福""福无双至祸不单行""大难不死,必有后福""因祸得福"等包含着经验与智慧的词语。可见,中国人对"福"一直有着深入全面的理解。

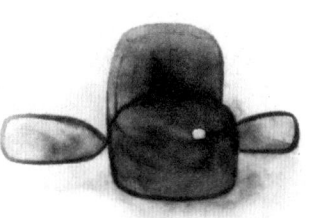

第四章 三星高照 SANXINGGAOZHAO

富家不用买良田，书中自有千钟粟。
安居不用架高堂，书中自有黄金屋。
出门莫恨无人随，书中车马多如簇。
娶妻莫恨无良媒，书中自有颜如玉。
男儿若遂平生志，六经勤向窗前读。

——赵恒《劝学诗》

这是一首广为流传的《劝学诗》，相传是宋真宗赵恒所做，其语言通俗、说理明白，旨在勉励人们勤读诗书、考取功名，最终收获高官厚禄。

"禄"指的是古代官吏的俸禄，也就是官员从朝廷那里得来的工资、土地等物质报酬。在古代，参加科举考试是读书人进入仕途的主要途径，所以有"学而优则仕"的说法。于是，禄也衍生出与文才、功名、前程等相关的含义。

有福、得禄、长寿，是中国百姓的共同愿望。在中国民间信仰中，每颗星星就是一位神仙，而其中最明亮、最重要的就是掌管福、禄、寿的三星。人们希望能够得到这三位星官的照顾，这种吉祥的愿望被称为"三星高照"。

和"福星"相似，古人也将"禄"人格化，衍生出"禄星"这位神仙，说他掌管着天下读书人的文运、官运。天下读书人和官员莫不对这位"保护神"顶礼膜拜。

禄星是由一颗星辰演化而来。根据《史记》记载，北斗七星正前方这六颗星统称为文昌宫，它们在传说中被赋予人格，其中的第六颗掌管文运和官禄的就是"禄星"。在西汉时，禄星的地位并不高，排在文昌宫的末位。但随着隋唐时期的到来，科举制度兴起，平民百姓也有机会通过读书改变命运，这给了文人极大鼓励，因此，禄星的地位也水涨船高，成为文昌宫里特别明亮的一颗星宿。到了北宋，"文昌"二字几乎成为"禄星"的代名词，民间还有供奉文昌帝君的庙宇，读书人进京赶考前，都要前去一拜这位"考神"，来舒缓考试前的紧张情绪，希望考试时能够文采昌茂，一考成名。农历二月初三是传说中文昌帝君的寿辰，这天达官显贵、文人墨客要在文昌庙内齐聚一堂，吟诗作文，举行文昌会，这是一个非常热闹的民俗。

各地的文昌庙中如今还保存有数尊明代铁质铸像，最大的文昌帝君像高达 4.7 米，重 30 吨，足见当时文昌庙的兴盛。正是得益于铸像太过高大沉重，才历经千百年的战火而屹立不倒，让今天的我们有幸一览文昌星的"真面目"。

与"禄星"的职能相似，民间传说中还有一位"魁星"，指北斗七星中的前四颗，专门掌管文运。凡参加科举考试者，无人敢怠慢这位神仙。没见过魁星画像的人可能会猜测，掌管功名利禄的神仙，外貌总该是眉清目秀、文质彬彬的吧？而事实却恰恰相反，魁星的相貌丑陋狰狞，看起来让人害怕。我们的祖先们怎么会让这样的一位丑神仙来钦点状元郎呢？这里面有个有趣的传说。

相传古代有位秀才，相貌奇丑，但才高八斗，他参加科举考试时高中榜首，得到面见皇上参加殿试的机会。皇上看他满脸麻子，走路还一瘸一拐的，心里很不高兴，于是故意刁难他说："你脸上为什么生出许多麻子？"丑秀才答道："回圣上，这是麻面满天星。"皇上再问："那你为什么又瘸了一只脚？"丑秀才依然对答如流："这是独脚跳龙门。"皇上接着问："那天下文章谁写得最好啊？"他机敏地说道："天下文章属吾县，吾县文章属吾乡，吾乡文章属吾弟，舍弟请我改文章。"皇帝见他这样聪慧机智，非常高兴，而在翻看了他的考卷后更是拍案叫绝，于是钦点丑秀才为状元。

这个故事在读书人间流传甚广，于是人们就将丑秀才的形象加以神话，又渐渐演变成后来那样金身鬼面、手持朱笔、脚踏大鳌鱼的模样，象征着"独占鳌头"。而他手中的朱笔，则代表着可以圈点天下文章。

后来，他便成了主管功名利禄的魁星，主宰天下读书人的仕途。凡是热爱读书、推崇文化的人，都对他恭敬有加。

在科举考试中，"夺魁"便是高中榜首、取得了第一名的好成绩的意思。传说中，魁星手中的那支笔专门用来圈点天下文章，能被点中的人，便是当科状元。如果进入皇宫参加殿试，第一名才有资格站在皇宫正殿下的鳌鱼头部的位置，等待皇榜。因此，有"魁星点斗"和"独占鳌头"的说法，都表示考取第一名的意思。在古时，科举考试当天，有考生会偷偷在桌子上贴魁星图，也有商贩抓住商机，在考场外出售魁星画像。

除了拜"禄神""魁星"，人们还利用谐音、比喻等手法创造出许多关于"禄"的吉祥图案，它们广泛地出现在年画、雕刻、绘画等艺术作品中，大受读书人欢迎。

用"鹿"来代替禄神，是常见的借代方法。在禄神民俗年画中，鹿有时候是禄神的坐骑，有时是画中官员模样的人物所抚摸、欣赏的对象，能表现官运亨通的主题。

除了"鹿"，还有许多形象的组合，被用来表达对"禄星"的崇拜。右图是一幅剪纸作品，图案由骏马和猴子组成，分别取其谐音"马"和"侯"。图案中的猴子骑在马上，寓意马上就要加官晋爵，因此得名"马上封侯"。

左图是一幅苏绣作品。图案由长着紫红色鸡冠的雄鸡和绽放的鸡冠花组成,两个"冠"叠加,表示步步高升、升职加薪的吉祥寓意。

在古代,考取功名是读书人飞黄腾达、光宗耀祖的大好时机,但这些民俗中也带有明显的功利倾向和迷信色彩,是我们要摒弃的。在当今社会,人们实现自我价值的途径越来越多元化,也就更多地将个人的所得和辛勤的努力联系起来。

万寿无疆

> 人生非金石，岂能长寿考。
> ——《古诗十九首·回车驾言迈》

这句诗是汉代《古诗十九首》中《回车驾言迈》中的一句，意思是人的寿命是有限的，不可能像金石般永寿。而人人都希望自己能拥有尽量长久的寿命，来尽情感受美好的人生。

长寿是人们从古至今最常有的盼望之一。《说文解字》中说："寿，久也。""寿"象征人长寿、国永固、物久存，是一个符合人们美好心愿的字。因此，人们运用"寿"字的美好意义来招福纳祥。期盼人生长久，已成为中华民族约定成俗的风尚。"寿"是一个极富人情味的吉祥字。

你过生日吃什么呢？肯定会有人说：吃生日蛋糕呀！不过，吃生日蛋糕是西方人的习惯，而在中国，传统的生日习俗应该是吃长寿面，尤其是老人的生日，寿宴的最后一道主食一定是长寿面。而且，晚辈们要先从自己碗里挑一根面条加到寿星碗中，给长辈"添寿"。一般来说，长寿面整碗只有一根，吃的时候最好不要弄断，这才代表着长长久久，这个习俗一直沿袭至今。

关于这个习俗还有一个传说，当年，汉武帝在与大臣聊天时说："《相书》中记载，人的人中越长，寿命就越长，若鼻子下的人中有一寸长，就能活到百岁。"大臣东方朔听了大笑："那相传彭祖活了八百岁，他的人中岂不是要长达八寸，真是好长的一张脸啊！"众人听了也笑起来。后来，这个故事传到民间，又因为"脸"和"面"谐音，逐渐地就借用长长瘦瘦的面条来代表"长面"，祝福老人长寿。

孩子和年轻人庆生，我们就说"过生日"，为老人祝贺生日则称为"祝寿""贺寿"，特别是七十岁、八十岁、九十岁这些整寿，更是要全家齐聚一堂隆重庆贺才行。寿桃、寿糕、寿联、寿面，总之，这一天的一切事物都要尽可能地添个寿字。

历史上，曾有过四次非常盛大的寿诞聚会，它就是清代康熙和乾隆两位皇帝的千叟宴。当年，康熙六十岁寿诞之际，曾颁布诏书邀请全天下六十五岁以上的长者，不论其贫穷富贵，都来京城畅春园中一起贺寿。这是一次空前的盛会，社会各个阶层的老人们齐聚一堂，在寿宴上，康熙命诸位年轻的皇子皇孙们为老人敬酒、分发美食，并赏赐银钱作为寿礼。康熙、乾隆分别举行过两次千叟宴，一时传为佳话。

民俗年画《寿星图》，是人们喜爱的吉祥物，图上的老寿星又称"南极老人"，是汉族神话中的长寿之神。他慈眉善目、白须飘飘，手持龙头拐杖，有个大而光亮的大脑门，非常惹人喜爱。图中还点缀了松树、葫芦、寿桃等，都是与长寿主题有关的吉祥物，表达了人们对健康长寿的美好心愿。

《麻姑献寿图》经常作为给女寿星祝寿的寿礼。画面上的麻姑双手托举着美酒、仙桃，肩上挑着细竹枝花篮，来到人间为人祝寿。在道教传说中，麻姑是三次见到过大海变为桑田的仙人，她也有着长生不老的本领，也是寿星之一。

有关"寿"的吉祥物还有很多，大多根据谐音或者自然属性而加以想象。比如松竹柏、仙鹤、鹿、桃、葫芦等，图案两侧往往还加上"福如东海，寿比南山"等吉祥语。而"寿"字本身也被加工成许许多多的字体，长形的叫长寿，圆形的叫团寿，等等。还有用一百种不同的写法写成的"百寿图""万寿图"等书法作品，也常常被悬挂于正厅墙上。

时至今日，生活的富足使得人的平均寿命有了很大的提高，但是现代人对祝寿文化依旧推崇，不过已经抛弃了古时的一些迷信观念，更多的是通过庆祝来表达对长辈的孝敬之情。

第四章 三星高照
SANXINGGAOZHAO

双喜临门

久旱逢甘霖，他乡遇故知。
洞房花烛夜，金榜题名时。
——《四喜》

这是民间流传很广的一首小诗，概括了人生的四大喜事。此外，中国老百姓的喜事还有很多，如生子、升官、发财、长寿、病愈、乔迁、升学等等。既然祖先们对欢喜热闹的追求孜孜不倦，那关于"喜"的文化自然也不会少。

"囍"读作"双喜"，看似是个汉字，其实是个代表吉祥的符号，它被广泛用在婚嫁场合，有喜上加喜、双喜临门的意思。花轿前、新房里、聘礼上，还有窗花、枕褥被套、门前厅外，到处都装饰有大红"囍"。"囍"的妙处是把人内心对新人的祝福用最简洁明了的方式表达出来，既一目了然，又美观大方。一桩好姻缘需要两个人同心协力地用心经营，这对两个家庭都是好事，也就是老百姓们常说的喜上加喜。

据说,"囍"的来源和大名鼎鼎的王安石有关。相传二十三岁的王安石在赶考途中,借住马家镇。他偶经马员外家,看见门口的走马灯上写着"走马灯,灯走马,灯熄马停步",正在征求下联。可惜王安石急着准备考试,无暇思忖下联,但也不禁暗自为上联内容的巧妙称好。在第二天的考试中,王安石对答如流,主考官很欣赏他的文采。等到面试时,主考官指着庭前的飞虎旗说道:"飞虎旗,旗飞虎,旗卷虎藏身。"然后请他对出下联。王安石想起马员外家的"走马灯"上联,用它来对"飞虎旗"真是再合适不过了,而这个对联也赢得了考官赞许。回乡途中,王安石见马员外的上联依旧无人对出,便以面试的上联回对,赢得马家的赏识,当即将女儿嫁给他。原来,这副对联便是马员外为选婿所出,等了好几个月都没有令人满意的答案。成亲当日,王安石又接到自己高中状元的喜报,真是喜上加喜,于是他挥笔写下了斗大的"囍"字贴在门上。从此结婚贴红"囍"字的习俗便在民间不胫而走,人们都希望能借一借王安石的好运气。

此外,与婚庆有关的习俗还有"走喜方"。正月初一清晨,从公鸡的第一声鸣叫开始,即将出嫁的少女们便应声出门,结伴朝着传说中喜神所在的方位行走散步，以期待喜神显灵，赐予美满的婚姻，保佑一生的吉祥。

双喜主要与结婚有关，单一喜字则使用范围较广，表达喜事长存的希望。古人讲"报喜不报忧"，喜事谁都乐意与人分享。"喜"字里的两个"口"，像不像咧嘴笑着说喜事的人呢？其实，甲骨文中的"喜"字，就是一个鼓加一张嘴组成，鼓代表节日庆典，口代表欢笑，所以"喜"字本意是在庆典活动中欢笑。现在的"喜"，演变成了两个口，大概是因为太高兴了，需要有朋友一起分享、一起哈哈大笑。

与"喜"字有关的词语，都带有吉祥的寓意。比如"喜鹊"，是指人们心中的吉祥鸟，叽叽喳喳、跳上跳下地为人们报喜。又如"欢天喜地""喜笑颜开""喜出望外"，等等。除此之外，喜字本身就有很好的装饰性，在书法、绘画、剪纸、刺绣、雕刻等艺术形式中，都有丰富而生动的表现。比如"四喜娃娃"，造型就是一对调皮嬉闹的胖娃娃，经过巧妙的组合，看起来倒像是四个小孩。

传统的和"喜"有关的吉祥文化五花八门，可以说，中国人在"喜"字的伴随中度过了一生。女人怀孕是"有喜了"，孩子出生后，外婆率领众多娘家亲戚去送"喜蛋"，奶奶则要好酒好菜地款待喜客；此后，孩子的百天礼、周岁、成人礼、升学、就职等等喜庆的事儿，都要摆"喜宴"庆贺。甚至老人寿终正寝后的丧事，也被称为"白喜"。所谓"红白喜事"，就囊括了人生中所有的重大场合，人们从"红喜事"中诞生，经由"白喜事"离开人世。祖先们太热爱"喜"了，生死不离"喜"，时时刻刻要和"喜"连在一起。

一个"喜"字，包罗万象，生动地展示着我们民族的文化底蕴和艺术想象力，并渗透到了日常生活的角角落落。喜文化的形式虽然随着社会变迁不断更新，但归根结底都是在表达中国人对平安吉祥的向往。

招财进宝

天生我材必有用,千金散尽还复来。

——李白《将进酒》

这是李白诗歌《将进酒》中最著名的一句。李白对金钱的达观态度让人钦羡,他自信纵使家财散尽,还会有东山再起的时机。但是大部分人做不到这么豁达,毕竟,钱财是老百姓们赖以生存的物质基础,也是激励很多人努力工作的动力。因此,中国民间与"财"有关的文化也是丰富多彩。

下图中的符号不是具体的某一个汉字,而是由四个字组成的图案。找一找,是哪四个字呢?答案就是:"招财进宝",意思是吸引财气和宝物,使得财源广进。在商场、店铺门墙上,常常能看到这个图案,做生意的人们希望它能为自己带来好的财运。

在每年的正月初五,是春节期间一个非常重要的日子,家家户户放鞭炮、置办酒席,并举行民俗活动拜财神。相传正月初五是财神的生日,人们在新一年里的财运,都要由财神爷来定夺,因此各家各户都会想方设法地来讨财神爷的欢心。

财神是神话里掌管财富的神明,有文财神和武财神两种。文财神大多是锦衣玉带、肤色白净,满面笑容,看起来非常喜庆。文财神的来源多是商业巨亨,比如范蠡;或是刚正不阿、公平正义的官员,如比干、李诡祖。他们的故事在民间广为流传,后来渐渐演变成神话中掌管人间财富的仙君。

范蠡是春秋末期的政治家、实业家,辅佐越王勾践灭吴之后,与美人西施泛舟远去,转而经商,他善于经营理财,并且乐善好施,被后人尊称为"商圣",明代以后人们又把他推上财神的高位。比干是商代的大臣,忠心耿耿,却因遭人陷害而被杀。他虽然没有挣得很多的财富,但生前为人正直廉明,百姓们觉得由他分配天下金钱是最公平的,于是也把他推上神坛。李诡祖曾是北魏孝文帝时期的县令,他抚恤百姓、乐于助人、有求必应。他死后,百姓建立祠堂纪念他,并且历朝历代的君主也很尊敬这位贤臣,为他加封号,修庙宇。比干和李诡祖这两位"一穷二白"的清官被推选为财神,反映出先人们对财富公平分配的渴望。

武财神的形象就威武多了,黑面浓须、满身戎装、怒目圆张。武财神的原型是关羽和赵公明。传说曹操为了拉拢关羽，经常送他一些贵重物品，但关羽不为所动，将曹操所赠的东西悉数奉还，账目列得清清楚楚。生意人常常以关公为榜样，提醒自己要知恩图报、言而有信。

到了现代社会，财神依旧是社会各个阶层的普遍信仰对象。对联里，"恭喜发财""财源广进""招财进宝"等吉祥话频频出现在商铺大门上，很多酒店、宾馆等大

厅养着发财树、金钱橘等象征财富的花木。"招财童子"的形象经常作为年画或是剪纸艺术品出现在家中。从正月初四晚上开始，敬财神的活动进入了高潮。人们凌晨就开始上供、焚香、放炮，希望吸引财神注意，来到自己家中，俗称"请财神"。到了正月初五这天，店铺敲锣打鼓争先开张，以抢得新年的第一笔生意，为接下来一年讨一个好彩头，俗称"接财神"。为了争得头彩，店家们往往还会给新年里来的第一位顾客很大的优惠呢！虽然关于财神的习俗一直保留至今，但是其中迷信的成分已经越来越淡化，更多是为了新年里讨个吉利、图个热闹。

食和羹以平其气，听和声以平其志，
纳和言以平其政，履和行以平其德。

——荀悦《申鉴》

古代君子认为，言行举止、衣食住行都是修养身心的手段。和羹是将甜、酸、苦、咸、辣五味的食物，加以调和而成；和声是用宫、商、角、徵、羽五音谱出悦耳的乐章；和言是将各方争议与意见加以调和；和行则是指行为进退得宜、不卑不亢。东汉史学家荀悦用这四个方面为例，为我们阐释了"和"在修身养性上的重要性。

"和"有和谐、和平、和睦等的含义，是中国传统文化的主题字。人与自然要和谐共处，人与人之间要团结和睦，人与自己要身心合一。可以说，无论是修身、齐家，还是治国、邦交，中国人所奉行的"和"的观念，千百年来，铸就了中华民族热爱和平正义、追求民主和谐的民族性格。

1465年，明成化帝朱见深登基不久，非常渴望群臣百姓能与他上下一心，稳固江山。于是，他亲手绘制出《一团和气图》。这幅图粗看像一位团坐的弥勒佛祖，其体态浑圆，笑眼相迎，憨态可掬。仔细打量，原来这幅图竟是三人组成：右侧是一个儒生，左侧是一位戴着道冠的长者，二人手执经卷，对坐而谈。最妙的是中间的第三人，他双手搭在两人的肩膀上，从手里的佛珠看，他应该是位僧人。三人分别代表儒、道、

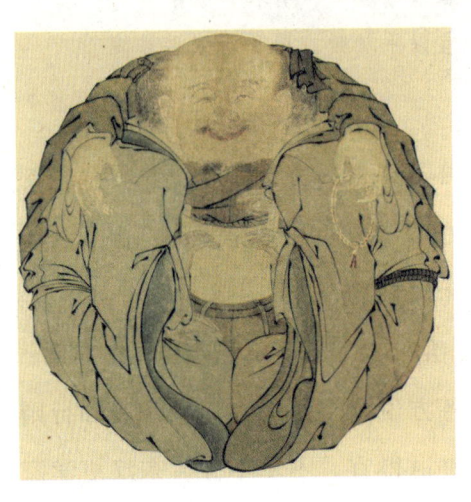

佛三种信仰，却能团抱而坐，五官相互借用，合成一张笑脸，十分契合"一团和气"的画面主题。

"和为贵"的思想，一直贯穿于中华文化的始终。《尚书》中就有"协和万邦"的记述，《周易》中也贯穿着"天下和平"的政治理念，春秋初期，管仲明确提出"和合故能谐"的观念，这些无不反映着祖先们对于天下和谐的向往和追求。

故宫的核心建筑三大殿——"太和殿""中和殿"与"保和殿"是皇帝行使权力或举行盛大典礼的宫殿。它们的名字中都带一个"和"字，分别代表着人与自然和谐共生、人与他人和谐共融、人与自己和谐共处，才能太平安康的哲学理念。

和合二仙是在民间传说中掌管婚姻和合的神仙，能够保佑世人婚姻幸福、友谊长存。两位仙人的原型是唐代的寒山、拾得两位高僧，两人

亲如兄弟,共同在苏州寒山寺修行,常常一起吟诗作答,留下许多精彩的对谈。在传统婚礼仪式中,和合二仙的画像经常被挂于拜堂的大厅或者洞房之中,两位神仙笑脸相迎,一个手持并蒂荷花,一个手捧圆盒,寓意"和(荷)谐和(盒)美、五福临门",象征夫妻恩爱。

"琴瑟相和""鸾凤和鸣"两个成语,也是形容夫妻恩爱的。它们常常被作为刺绣或剪纸题材,出现在婚庆场合中。

"和气生财"也是人们常用的成语,指的是商人要讲诚信、善待顾客,才能够招财进宝。很多商铺正厅都挂着这四个大字,提醒店家要待人和善,做生意时不要锱铢必较。

我们中华民族拥有热爱和平、追求和谐的民族性格,温柔敦厚、谦让豁达的"和"文化在今天依旧被提倡,这对于自身康宁、国家繁荣,甚至世界和平,都具有重大意义。

万事大吉

你认识左上方这个图案吗？这是个汉字还是个符号呢？其实，这并不是我们祖先创造的文字，但却在中国大受欢迎，是中国汉字里少有的外来客。最初，这是一个被佛教徒视为吉祥和功德的神秘符号。它是从梵文演变而来，在佛教中，几乎所有佛像的胸口都画着这个吉祥符号，象征佛祖清净庄严、佛法功德无量。唐朝时，武则天钦定此字的读音为"万"，即吉祥万德的集大成者。从此，"卍"正式成为汉字，代表一切吉祥和成就。

"卍"字符在地球上的许多古老文明中都有体现，是人类最古老的吉祥图案之一，象征生命的生生不息，有着吉祥的寓意。

"卍"字的字形是古代的一种宗教标志,是太阳或火的象征。在古代印度、波斯、希腊等国家中均有出现,佛教、婆罗门教等均在使用。东汉末年,"卍"字随着佛教的传入而传入中国,佛教徒用它表示佛的智慧与慈悲,无限旋转回环的形状,代表佛法的生生不息、普度众生。关于它的读音,起初也众口难调,直到武则天钦定发音时,才有了定论。从此之后,人们便将这个字读作"wàn(与"万"同音)"。

经过几千年历史的淘洗沉淀,"卍"字衍生出了更多的涵义,由宗教转入世俗,由贵族转向平民。作为审美符号,"卍"在传统文化里有着丰富的表现形式,在许多古寺院、民居、家具、服饰、器物等上面都拿它作为装饰符号。可以说,生活中随处可见它的身影。

"卍"字符向四边纵横伸展,互相衔接,如同车轮循环旋转,呈现出动态美感,其本身就具有很强的装饰性。在工艺美术里,"卍"经常以连续的方式出现,

形成"万字锦",给人庄重简约的美感,称之为"万字不断头",表示富贵无边。这种符号在镂空的门框、墙头、梁头、铜镜、织锦等处,都比较常见。

"卍"还是数字"万"的符号,寓意数量庞大。"卍"与福、寿结合,组成"万福""万寿无疆"的吉祥图案;与牡丹结合,象征万世富贵;用在官员朝服中,象征江山永固,千秋万代;用在民间,代表生生不息、子孙延绵。

不仅在汉族中,"卍"在少数民族中也被当成吉祥物而广泛使用,其纹路变化与少数民族风情相结合,更显得相得益彰、生动有趣。苗族姑娘出嫁时穿的嫁衣,袖口上会绣有"卍"字符,表示在婆家的生活会生生不息、幸福美满。维吾尔族的传统手工帕巾,边缘用连续不断的"卍"字符作为边框,代表着吉利好运。羌族新年之际,如果过去一年寨子里无灾无难,就在墙上画一个"卍"字符,为来年祈福。藏族妇女喜欢把"卍"绣在腰带、荷包、鞋帮等处,祈求吉祥。

"卍"字虽然是外来文字,但却能够在中国绽放异彩。我们祖先丰富的想象力与创造力让它从宗教涵义中跳脱出来,成为大众喜爱的吉祥符号。